虚拟商业环境综合运营

XUNI SHANGYE HUANJING
ZONGHE YUNYING

邓文博 吴春尚 姜庆 周原 曾苑 等著

华南理工大学出版社
SOUTH CHINA UNIVERSITY OF TECHNOLOGY PRESS
·广州·

图书在版编目（CIP）数据

虚拟商业环境综合运营/邓文博等著. —广州：华南理工大学出版社，2018.5（2022.7重印）
ISBN 978-7-5623-5588-5

Ⅰ.①虚⋯ Ⅱ.①邓⋯ Ⅲ.①仿真-商业环境-商业经营 Ⅳ.①F71

中国版本图书馆CIP数据核字（2018）第062923号

虚拟商业环境综合运营
邓文博 吴春尚 姜 庆 等著

出 版 人：柯 宁
出版发行：华南理工大学出版社
（广州五山华南理工大学17号楼，邮编510640）
　　　　　http://www.scutpress.com.cn　E-mail: scutc13@scut.edu.cn
　　　　　营销部电话：020-87113487　87111048（传真）
策划编辑：毛润政
责任编辑：毛润政
印 刷 者：广州小明数码快印有限公司
开　　本：787mm×1092mm　1/16　印张：14.25　字数：338千
版　　次：2018年5月第1版　2022年7月第2次印刷
定　　价：36.00元

版权所有　盗版必究　印装差错　负责调换

前 言

随着计算机技术和网络技术的飞速发展，依托计算机仿真、多媒体和虚拟现实技术，可以构建与真实企业环境一致的虚拟商业环境，并应用于经管类专业实践教学领域。

国家教育部门正积极推进虚拟仿真技术来提升实践教学的效果。职业教育教学改革的纲领性文件《教育部关于推进高等职业教育改革创新 引领职业教育科学发展的若干意见》（教职成〔2011〕12号）提出："推进现代化教学手段和方法改革，开发虚拟流程、虚拟工艺、虚拟生产线等，提升实践教学和技能训练的效率和效果。"

2014—2015年，教育部出台了一系列职业教育建设和行动计划的文件，其中《现代职业教育体系建设规划（2014—2020年）》（教发〔2014〕6号）提出：推进信息化平台体系建设，在专业课程中广泛使用计算机仿真教学、数字化实训、远程实时教育等技术。《高等职业教育创新发展行动计划（2015—2018年）》（教职成〔2015〕9号）提出：在现场实习安排困难或危险性高的专业领域，开发替代性虚拟仿真实训系统。

广州凌仁乐信息科技有限公司正是抓住了这个新契机，在为广东财经大学定制开发跨专业仿真实习平台模块的基础上，基于真实的案例开发了虚拟仿真商业环境综合实训平台。平台构建了仿真商业环境，虚拟了政府部门、生产制造公司、商贸类企业和社会服务类企业等社会组织，各组织间、各部门间和各岗位间的交互过程与真实企业的沟通协作一样自然发生。在实训过程中把学生分配到仿真社会环境的政府部门、商贸企业、制造公司、服务型企业等组织的不同工作岗位，让他们按照完全与现实商业环境一样的工作流程完成包括创办企业、经营管理企业等一系列工作任务，实现训练和提升学生专业知识的应用能力、跨专业知识的应用能力、职业能力、市场竞争意识与能力、团队沟通与协作能力、分析和解决问题的能力、创新创业能力等。实践证明，基于虚拟仿真商业综合实训平台的跨专业实践教学模式能有效培养具有创新创业能力的复合型人才。

本书详细介绍了虚拟商业环境中各组织之间的业务关系，以及各岗位的工作内容、工作流程、工作指引和完成工作需要的知识链接等。目的是让受训学员在虚拟的政务环境、市场环境、商业环境、服务环境中，根据业务规则和业务流程，运用所学知识，进行仿真运营和业务运作，力争让他们获得与真实岗位工作一致的感受。

本书是中国职业技术教育学会教学工作委员会、教材工作委员会2017—2018年度教学改革与教材建设课题（课题编号：1710328）和广东省教育厅2017年重点平台及科研项目（教育科研课题编号：2017GGXJK064）的研究成果。由河源职业技术学院邓文博负责筹划、校对和统稿工作。参与本书撰写的人员如下：河源职业技术学院邓文博、吴春尚、姜庆、周原、曾苑、殷锐，西华大学陈若迅，广州凌仁乐信息科技公司顾蔚坤、王海波、蒙宣兆。

为方便读者使用，提高学习效率，我们在本书的每个模块前提供了一个教学视频二维码，读者只需扫描二维码，就可以观看该模块的教学视频。

虽然我们秉着认真负责的态度来撰写本书，但由于水平有限，又缺少参考书籍，书中难免存在错漏，敬请各位读者批评指正！您可以将建议和意见发送到以下邮箱：19317877@qq.com。

邓文博

2018年3月20日

目录

第一篇　准备篇

模块一　实训前准备与工商注册 ⋯⋯⋯⋯⋯⋯⋯⋯⋯⋯⋯⋯⋯⋯⋯⋯⋯⋯ 3
 项目一　虚拟商业环境平台简介 ⋯⋯⋯⋯⋯⋯⋯⋯⋯⋯⋯⋯⋯⋯⋯⋯⋯ 3
 项目二　综合运营过程总览 ⋯⋯⋯⋯⋯⋯⋯⋯⋯⋯⋯⋯⋯⋯⋯⋯⋯⋯⋯ 6
 项目三　综合运营预备工作 ⋯⋯⋯⋯⋯⋯⋯⋯⋯⋯⋯⋯⋯⋯⋯⋯⋯⋯⋯ 12
 项目四　企业工商登记注册 ⋯⋯⋯⋯⋯⋯⋯⋯⋯⋯⋯⋯⋯⋯⋯⋯⋯⋯⋯ 15
 项目五　企业开立银行结算账户 ⋯⋯⋯⋯⋯⋯⋯⋯⋯⋯⋯⋯⋯⋯⋯⋯⋯ 18
 项目六　公共功能操作指引 ⋯⋯⋯⋯⋯⋯⋯⋯⋯⋯⋯⋯⋯⋯⋯⋯⋯⋯⋯ 21

模块二　虚拟商业环境仿真规则 ⋯⋯⋯⋯⋯⋯⋯⋯⋯⋯⋯⋯⋯⋯⋯⋯⋯⋯ 27
 项目一　商业环境规则 ⋯⋯⋯⋯⋯⋯⋯⋯⋯⋯⋯⋯⋯⋯⋯⋯⋯⋯⋯⋯⋯ 27
 项目二　制造公司规则 ⋯⋯⋯⋯⋯⋯⋯⋯⋯⋯⋯⋯⋯⋯⋯⋯⋯⋯⋯⋯⋯ 32
 项目三　商贸公司规则 ⋯⋯⋯⋯⋯⋯⋯⋯⋯⋯⋯⋯⋯⋯⋯⋯⋯⋯⋯⋯⋯ 34
 项目四　供应商规则 ⋯⋯⋯⋯⋯⋯⋯⋯⋯⋯⋯⋯⋯⋯⋯⋯⋯⋯⋯⋯⋯⋯ 35
 项目五　物流公司规则 ⋯⋯⋯⋯⋯⋯⋯⋯⋯⋯⋯⋯⋯⋯⋯⋯⋯⋯⋯⋯⋯ 36

第二篇　综合运营篇

模块三　制造公司运营 ⋯⋯⋯⋯⋯⋯⋯⋯⋯⋯⋯⋯⋯⋯⋯⋯⋯⋯⋯⋯⋯⋯ 41
 项目一　生产管理 ⋯⋯⋯⋯⋯⋯⋯⋯⋯⋯⋯⋯⋯⋯⋯⋯⋯⋯⋯⋯⋯⋯⋯ 43
 项目二　采购管理 ⋯⋯⋯⋯⋯⋯⋯⋯⋯⋯⋯⋯⋯⋯⋯⋯⋯⋯⋯⋯⋯⋯⋯ 53
 项目三　销售管理 ⋯⋯⋯⋯⋯⋯⋯⋯⋯⋯⋯⋯⋯⋯⋯⋯⋯⋯⋯⋯⋯⋯⋯ 59
 项目四　仓储管理 ⋯⋯⋯⋯⋯⋯⋯⋯⋯⋯⋯⋯⋯⋯⋯⋯⋯⋯⋯⋯⋯⋯⋯ 64

模块四　商贸公司运营 ⋯⋯⋯⋯⋯⋯⋯⋯⋯⋯⋯⋯⋯⋯⋯⋯⋯⋯⋯⋯⋯⋯ 70
 项目一　市场调研与订单获取 ⋯⋯⋯⋯⋯⋯⋯⋯⋯⋯⋯⋯⋯⋯⋯⋯⋯⋯ 72
 项目二　产品采购与交付 ⋯⋯⋯⋯⋯⋯⋯⋯⋯⋯⋯⋯⋯⋯⋯⋯⋯⋯⋯⋯ 79
 项目三　固定资产管理 ⋯⋯⋯⋯⋯⋯⋯⋯⋯⋯⋯⋯⋯⋯⋯⋯⋯⋯⋯⋯⋯ 85

模块五　供应商运营 ⋯⋯⋯⋯⋯⋯⋯⋯⋯⋯⋯⋯⋯⋯⋯⋯⋯⋯⋯⋯⋯⋯⋯ 91
 项目一　采购管理 ⋯⋯⋯⋯⋯⋯⋯⋯⋯⋯⋯⋯⋯⋯⋯⋯⋯⋯⋯⋯⋯⋯⋯ 93
 项目二　销售管理 ⋯⋯⋯⋯⋯⋯⋯⋯⋯⋯⋯⋯⋯⋯⋯⋯⋯⋯⋯⋯⋯⋯⋯ 96
 项目三　仓储管理 ⋯⋯⋯⋯⋯⋯⋯⋯⋯⋯⋯⋯⋯⋯⋯⋯⋯⋯⋯⋯⋯⋯⋯ 99

模块六　行政服务中心运营 ⋯⋯⋯⋯⋯⋯⋯⋯⋯⋯⋯⋯⋯⋯⋯⋯⋯⋯⋯⋯ 103
 项目一　工商行政管理部门运营 ⋯⋯⋯⋯⋯⋯⋯⋯⋯⋯⋯⋯⋯⋯⋯⋯⋯ 105

  项目二 税务部门运营……108
  项目三 综合管理部门运营……110

模块七 交易服务中心运营……115
  项目一 商品业务部运营……117
  项目二 原材料业务部运营……124
  项目三 固定资产业务部运营……130
  项目四 路演管理……132

模块八 商业银行运营……135
  项目一 业务部业务……137
  项目二 信贷部业务……140

模块九 会计师事务所运营……143
  项目一 审计业务运营……144
  项目二 财务咨询与税务代理……146

模块十 物流公司运营……151
  项目一 市场开发与管理……152
  项目二 仓储管理……156
  项目三 运输调度管理……161

模块十一 人才交流中心运营……166
  项目一 招聘业务部运营……167
  项目二 培训业务部运营……169
  项目三 人才外包服务……170

第三篇 综合训练篇

模块十二 人事管理……175
  项目一 人员招聘……175
  项目二 人员外包……176
  项目三 人员培训……177
  项目四 薪资社保管理……179
  项目五 人事档案管理……180

模块十三 财务管理……181
  项目一 往来款项管理……181
  项目二 发票管理……184
  项目三 银行贷款管理……186
  项目四 工资发放管理……189
  项目五 营业费用管理……191
  项目六 纳税申报……192
  项目七 资产管理……194
  项目八 财务报表……196

模块十四　线下任务 ··· 199
　项目一　制定公司章程 ·· 199
　项目二　企业规章制度制定 ·· 201
　项目三　岗位说明书编制 ·· 203
　项目四　工作简报编制 ·· 208

参考文献 ·· 210
附录一　虚拟仿真商业环境综合实训平台简介 ·· 211
附录二　基于虚拟仿真商业环境综合实训平台的课程体系 ······················· 213

第一篇
准备篇

第一篇

概论篇

模块一
实训前准备与工商注册

项目一 虚拟商业环境平台简介

随着互联网技术和仿真技术的发展,可以构建与真实商业环境和市场环境一致的虚拟商业环境来培养应用型、复合型、创新创业型人才。虚拟商业环境主要由生产制造组织、商贸组织、物流组织、社会服务类组织和政府服务组织构成。让学员在虚拟商业环境的政府部门、商贸公司、制造公司、服务型企业等组织的不同岗位工作,完成创办企业、经营管理企业等一系列工作任务,旨在训练和提升学员专业知识的应用能力、跨专业知识的应用能力、职业能力、市场竞争意识与能力、团队沟通与协作能力、分析和解决问题的能力、创新创业能力等。

一、商业社会环境构成

构建虚拟商业环境要与真实商业环境相似,也要与人才培养目标相一致。针对财经商贸大类的专业人才培养目标,选取了政府部门、制造公司、商贸类企业和社会服务类企业构建了虚拟商业环境,如图 1-1 所示。

图 1-1 虚拟商业环境的组织关系图

虚拟商业环境可分成工业区、商贸区、现代服务区、行政服务区，每个区有若干个组织，各组织的主要职能如表1-1所示。

表1-1 虚拟商业环境各组织的主要职能

规划区	仿真组织名称	主要职能
工业区	制造公司 N 家	生产和销售大众需求的消费品
商贸区	供应商 N 家	提供制造公司生产需要的原材料
	商贸公司 N 家	把从交易服务中心获得的订单发给制造公司生产
	物流公司 N 家	为供应商、制造公司和商贸公司提供物流运输服务
现代服务区	商业银行1家	为工业区和商贸区的所有企业提供金融服务
	人才交流中心 N 家	为工业区和商贸区的所有企业提供人才交流服务
	会计师事务所 N 家	为工业区和商贸区的所有企业提供会计咨询服务
行政服务区	行政服务中心1家	工商注册和市场监管、纳税辅导和征收税款、政府部门其他职能、水电等公共事业部门等
	交易服务中心1家	交易服务，包括市场需求、原材料的供应、固定资产销售和出租、政府采购和拍卖等

二、实习组织部门及岗位构成

1. 制造公司的组织结构和岗位

制造公司分为行政部、市场部、生产部、采购部、物流部、人力资源部、财务部等部门，每个部门设置不同的岗位，可以让不同专业的学员担任对应的岗位角色，如图1-2所示。

图1-2 制造公司的部门设置和主要岗位

在虚拟商业环境中，企业负责人通过一定的机制竞聘产生，其他岗位由学员自主选择或由教师统筹安排，有些岗位可以进行合并，实现一人多岗，也可以根据工作需要进行轮岗。制造公司的主要岗位与职责如表1-2所示。

表1-2 制造公司的主要岗位与职责

部门	主要岗位	岗位主要职责
行政部	总经理	主持公司全面工作，负责公司经营发展
	秘书	会议记录、制度制定、工商注册等
人力资源部	人事经理	管理人力资源部工作，制定员工需求计划与预算
	人事主管、劳资主管、培训主管	分别负责公司的人员招聘、培训、晋升、工资计算等业务
财务部	财务经理	对公司的财务管理全面负责；拟定筹资、投资方案；编制财务预算
	总账会计	记录经济业务，组织会计核算；登记账簿；对账、结账；编制财务报告
	税务会计	主要负责税务有关业务
	成本会计	主要负责成本核算有关业务
	出纳	负责公司现金收付、登记日记账等
市场部	运营经理	全面负责公司营销规划与管理
	销售主管	负责公司销售发货等及销售决策业务
	客户主管、信息主管	负责市场信息采集、客户关系维护等业务
生产部	生产经理	对公司生产管理负全面责任，制定生产预算以及设备需求计划
	计划主管	主要负责生产计划和材料需求计划
	车间主管	负责产销排程、车间作业、设备需求计划
采购部	采购经理	负责公司材料采购，编写采购预算，签订采购合同
物流部	仓储经理	负责公司物流与仓储工作，制定物流预算
	物流主管	负责公司物流运输的安排

2. 外部组织的主要岗位与职责

外部组织包括商贸区、现代服务区、行政服务区的单位，主要是为了配合制造公司开展相对完整的生产经营活动而设置。在虚拟商业环境中根据专业的针对性和仿真环境运作的需要抽取了一部分与制造公司经营业务相关的直接业务。外部组织的主要岗位与职责如表1-3所示。

表1-3 外部组织的主要岗位与职责

组织名称	主要岗位	岗位主要职责
行政服务中心	主任	主持全面工作
	工商行政管理局科员	负责市场监管、工商注册与预名称核准等工作
	税务局科员	主要负责税务登记、征收、查征业务、发票管理
	综合局科员	社会保险、工资代收、水电费代收等
交易服务中心	主任	主持全面工作,控制成品订货单和原材料供应的规模
	商品部经理	负责商品订单的发布,组织成品交易会和政府采购
	原材料部经理	负责原材料供应,组织原材料交易会和拍卖会
	固定资产管理部经理	负责固定资产的销售和租赁等
供应商公司、商贸公司、物流公司	总经理	负责公司规划与全面管理
	部门经理	负责公司各项业务处理,并向总经理汇报
	会计	财务及税务业务
	出纳	现金管理和资金收付业务
会计师事务所	所长	负责单位全面管理
	审计员	审计业务处理,并向所长汇报
人才交流中心	主任	中心的全面业务处理
	会计	财务及税务业务
	出纳	现金管理和资金收付业务
商业银行	行长	负责全面管理
	柜员	对公转账业务处理、贷款业务处理

项目二 综合运营过程总览

一、组织间业务关系及业务流程

虚拟商业环境中组织间的业务关系如图1-3所示。

各组织间的业务关系为:

1. 行政服务中心与各组织的关系

经营性组织（供应商、制造公司、商贸公司和物流公司）向行政服务中心申请工商注册和税务登记；在运营阶段，经营性组织要自觉向行政服务中心的税务部门申报纳税，向综合服务部门缴纳社保和水电费等；制造公司向工商行政管理部门申请产品生产资质；行政服务中心对虚拟商业环境的所有组织行使监督、指导和服务的职能。

图 1-3　组织间业务关系图

2. 交易服务中心与各组织的关系

(1) 交易服务中心成品业务部发布各产品、各市场需求量和指导价信息；每季度初交易服务中心组织商贸公司参加成品竞投会，商贸公司根据市场调查信息，向交易服务中心提交竞单申请，交易服务中心根据市场需求和价格弹性把成品订单发给商贸公司，商贸公司按订单交货给交易服务中心。

(2) 交易服务中心发布各物料基本供应量和基本价格信息；每季度初交易服务中心组织供应商参加原材料竞投会；供应商根据市场信息，提交原材料竞单申请，获得交易服务中心的原材料。

(3) 交易服务中心为商贸公司、供应商、制造公司、物流公司提供固定资产销售和租赁服务。

(4) 每季度初交易服务中心组织商贸公司和制造公司参加成品交易会，以促成双方的成品交易活动；组织制造公司和供应商参加原材料交易会，以促成双方原材料交易活动。

3. 商贸公司与制造公司的关系

商贸公司与制造公司参加商品交易会，线下签订购销合同，由商贸公司向制造公司发送采购订单，制造公司审核确认订单。制造公司按照订单要求的产品品种、数量和交货期进行交付，商贸公司收货后支付货款，制造公司开具增值税专用发票。

4. 制造公司与供应商的关系

制造公司与供应商参加原材料交易会，线下签订购销合同，由制造公司向供应商发送采购订单，供应商审核确认订单。供应商按照订单要求的原材料品种、数量和交货期进行交付，制造公司收货后支付货款，供应商开具增值税专用发票。

5. 物流公司与其他经营组织的关系

(1) 供应商向制造公司交付材料并由物流公司承担运输业务，供应商支付运输服务费。

(2) 制造公司向商贸公司交付成品并由物流公司承担运输业务，制造公司支付运输服务费。

(3) 物流公司向商贸公司和供应商提供仓储租赁服务。

6. 人才交流中心与经营性组织的关系

人才交流中心为所有经营性组织提供人员招聘服务和人才外包服务；人才交流中心为制造公司提供员工培训服务。

7. 银行与各组织的关系

银行为所有组织提供存款和对公转账服务，同时为经营性组织提供贷款服务。

8. 会计师事务所与各组织的关系

会计师事务所为经营性组织提供财务咨询服务；会计师事务所也可以代理行政服务中心的审计和税务稽查业务。

二、综合运营主要业务流程

在虚拟商业环境中，主要业务流程与组织的对应关系如表1-4所示。

表1-4 主要业务流程与组织的对应关系

阶段	序号	业务模块	组织或角色	功能说明	操作流程
准备阶段	1	岗位申请	申请学员	进行各个单位的负责人岗位申请	学员前台登录→岗位申请→资料填写→确定； 教师后台登录→实训控制→结束岗位申请
	2	竞岗路演	申请学员	对竞岗进行路演投票	教师后台登录→实训控制→开始竞岗路演； 登录→投票； 教师后台登录→实训控制→结束岗位申请
	3	团队组建	所有学员	各单位负责人发出组建团队邀请，受邀请组员确定操作	教师后台登录→实训控制→开始团队组建； 学员前台登录→邀请组员→接受邀请→完成组建； 教师后台登录→实训控制→结束团队组建
期初阶段	4	公司注册与开业	商贸公司、制造公司、物流公司、供应公司、行政服务中心、银行	各公司分别到行政服务中心进行注册、税务登记；进行银行开户；筹备开业	学员前台登录→负责人填写工商登记信息→负责人填写税务登记信息→工商局审核→税务局审核→银行开户→做好办公场所和人员筹备工作→负责人点击开业

续上表

阶段	序号	业务模块	组织或角色	功能说明	操作流程
运营阶段	5	成品竞单	交易服务中心、商贸公司	开启成品竞单，商贸公司竞单并获取订单	交易服务中心：竞单管理→新增竞单→审核发放订单
					商贸公司：成品竞单→市场调研（可选）→竞单方案→成品订单
	6	成品交易会	交易服务中心、商贸公司、制造公司	交易会管理	交易服务中心：成品交易会→交易会管理→新增交易会
					商贸公司：成品交易会→参加交易会→采购管理→签订采购订单→新增订单→填写订单→仓库租赁→新建成品仓库租赁订单→采购到货→到货入库→销售管理→订单交付
					制造公司：成品交易会→参加交易会→销售管理→签订销售订单→接收订单→订单交付
	7	原材料竞单	交易服务中心、供应公司	原材料竞单操作	交易服务中心：原材料竞单→竞单管理→新增竞单→供应材料
					供应公司：原材料竞单→竞单方案→签订原材料订单→仓储服务→仓库租赁→新建原材料仓库租赁订单→采购订单→采购到货→到货入库
	8	原材料交易会	交易服务中心、供应公司、制造公司	原材料交易	交易服务中心：原材料交易会→新建交易会
					供应公司：原材料交易会→参加交易会→线下谈判→接销售订单→订单交付
					制造公司：原材料交易会→参加交易会→线下谈判→签采购订单→采购到货
	9	物流运输	物流公司、制造公司、供应公司、商贸公司	成品运输	制造公司：订单交付→库存出库→填写物流订单
					物流公司：货物揽收→揽收入库→运输计划→配载发运

续上表

阶段	序号	业务模块	组织或角色	功能说明	操作流程
运营阶段	9	物流运输	物流公司、制造公司、供应公司、商贸公司	原材料运输	供应公司：订单交付→库存出库→填写物流订单
					物流公司：货物揽收→揽收入库→运输计划→配载发运
	10	员工招聘	制造公司、供应商、物流公司、商贸公司、人才交流中心	开业招聘、经营期招聘	经营性组织：人事管理→人才招聘→信息填写→提交订单
					人才交流中心：人才招聘→人才计划→订单审核
	11	生产线购买	制造公司、交易服务中心	前期生产需制造公司购买生产线进行生产作业，生产线投入需等待一个月时间	制造公司：采购管理→固定资产采购→填写采购订单
					交易服务中心：固定资产采购→订单审核
	12	仓库租赁	供应公司、物流公司、商贸公司	供应公司需向物流公司租赁原材料仓库存放供应公司采购的原材料	供应公司：仓储服务→仓库租赁→订单填写→提交订单
					商贸公司：仓储服务→仓库租赁→订单填写→提交订单
					物流公司：仓库管理→仓库出租→订单审核
	13	生产管理	制造公司	生产计划、生产管理	生产管理→产品档案→查看物料清单
					生产管理→产品研发→开始研发→研发完成
					生产管理→生产计划→新增计划
					生产管理→需求计划
					生产管理→需求列表
					生产管理→生产排程
					生产管理→领料生产
					生产管理→生产完工
	14	银行服务	银行	包括开户、查账、转账、长短期贷款	柜台业务→银行开户→开户
					柜台业务→银行查账→流水明细/转账明细
					柜台业务→银行转账→转账
					银行贷款→短期贷款→审核→审核放款
					银行贷款→长期贷款→审核→审核放款
					综合业务→参数设置

续上表

阶段	序号	业务模块	组织或角色	功能说明	操作流程
运营阶段	15	会计咨询服务	会计师事务所	包含审计业务、税务代理服务、代理记账、财务咨询等	审计业务→申请 财务业务→代理记账→申请 财务业务→财务咨询→申请 税务业务→税务代理→申请

三、综合运营总体流程

综合运营分为准备阶段、期初阶段、运营阶段和期末阶段，如果需要经营 2~3 年，那么第 2 年和第 3 年将重复进行期初阶段、运营阶段和期末阶段的运营。图 1-4 所示是制造公司的综合运营总体流程图，其他组织对照制造公司的流程开展相应的业务。

图 1-4　制造公司综合运营总体流程图

项目三 综合运营预备工作

一、平台登录界面

打开火狐浏览器，输入平台系统网址（具体网址根据系统的部署情况而定），出现平台登录界面，选择对应的班级或对应训练批次，输入账号和密码进入系统，如图 1-5 所示。

图 1-5 登录界面

二、负责人竞聘与投票

1. 申请竞聘和填报信息

参加负责人岗位竞选的学员，需在岗位申请模块进行申请，选择左侧流程的【组织负责人及企业 CEO 竞选】图标，结果如图 1-6 所示。

图 1-6 组织负责人及企业 CEO 竞选

点击【申请】按钮可进行申请信息填写，确认填写信息无误后，点击【提交竞选】按钮，如图1-7所示，并开始准备竞岗路演。

图1-7 填写竞聘信息

2. 发表竞聘演讲

参加组织负责人的竞聘，需要准备演讲的 PPT 或讲稿，竞聘演讲内容和技巧是能否竞聘成功的关键。

（1）竞聘演讲的内容

首先应说明竞聘岗位和对岗位的认知；其次要说明参加竞聘的理由；再次要说明自己的能力专长和竞聘该岗位的优势；接着要详细阐述未来的工作计划与设想；最后要表明自己的决心和请求。

（2）竞聘演讲的技巧

根据竞聘演讲的特点和内容，要把握好演讲技巧，要先声夺人，要有浩然正气，而不是盛气、霸气、娇气、傲气，态度要真诚，不要说大话，不要过于自夸。

竞聘者要充满自信，演讲时声音要响亮，要用简练的话语把自己的思想表达出来，要充分展示自己的丰富知识和经验。要讲一些虚心的话，尽量让参与投票的人对你产生认同感，令大家相信你、支持你，投你一票；你要表态一旦当选将不辜负大家的信任。

3. 投票

竞聘人完成竞岗路演后，其他学员进行投票，投票的方式有两种：一是使用账号、密码在电脑登录系统，对参加竞选路演的同学进行投票，如图1-8所示；另一种是使用手机扫描二维码登录系统进行投票。

图1-8 竞选投票

三、团队组建

1. 创业团队组建的要求

（1）团队的所有人都要志同道合，大家有统一的目标和想法；

（2）团队最好都是彼此了解的熟人；

（3）团队中的每个人应该分工明确，各有优势，并能互补；

（4）团队中的每个人都要互相认可，并能在将来的创业中积极配合；

（5）根据所选择的创业内容去选择所需的各类人才，形成精简、高效、富有激情的创业团队。

在虚拟商业环境中，为了发挥专业特长，并能在训练过程中互相学习，原则上要求制造公司来自同一专业的成员不超过2人，其他组织每个成员都应来自不同的专业。

2. 平台操作要求

负责人在线下完成组建团队工作后登录系统，向加入团队的组员发送邀请，如图1-9所示；组员接收到邀请后，点击【接受】按钮确认邀请即可，如图1-10所示。在组员未确认邀请前，负责人可变更邀请。

图1-9 邀请团队成员

图 1-10　团队成员接受邀请

项目四　企业工商登记注册

一、企业工商登记注册业务概述

各类型企业股东召开股东会议，讨论确定企业名称和其他事项，到工商局进行名称预先核准，取得《企业名称预先核准通知书》；按照既定流程进行设立登记，取得营业执照正、副本。

二、企业工商登记注册业务流程

企业工商登记注册的流程如图 1-11 所示。

4. 银行开户（基本账户）
2014年3月1日后，实缴金额为零也可直接去银行开基本账户；等公司注资后可聘请会计师事务所验资并出具"验资报告"。

需提供资料：营业执照（原件正副本）、法定代表人身份证、经办人身份证、预留印鉴人员身份证、公司章程（另用U盘拷电子版）、《印章备案证明》，带齐公章、财务章、法人章）。
银行一般在七个工作日后电话回复是否开户成功；成功开户后可拿到开户许可证、机构信用代码证。

5. 税务登记
原则上，领取营业执照后，30日内到当地税务局（国地税）办理税务登记。

注意事项：由于办理过程中涉及较多财务专业知识，建议办理税务登记时，有财务人员在场。
需提供资料：公司章程、营业执照复印件，公司法人、财务人员、办税人员身份证复印件；带齐公章和法人章。

图1-11 企业工商登记注册流程图

三、企业工商登记注册的工作指引

进入公司注册界面，填写公司注册信息，如图1-12所示，填写完成后点击【申请】，发送到行政服务中心工商管理部门进行审批。

图1-12 公司注册

四、企业名称预先核准申请书填制

企业名称预先核准申请书的样表如表1-5所示。

表1-5 企业名称预先核准申请书（样例）

注意：请仔细阅读本申请书填写说明，按要求填写。

□企业设立名称预先核准				
申请企业名称				
备选企业字号	1.			
	2.			
	3.			
企业住所地	省（市/自治区）　　　　　　　　市（地区/盟/自治州） 县（自治县/旗/自治旗/市/区）			
注册资本（金）	万元	企业类型		
经营范围				
投资人	名称或姓名		证照号码	
□已核准名称项目调整（投资人除外）				
已核准名称			通知书文号	
拟调整项目	原申请内容		拟调整内容	
□已核准名称延期				
已核准名称			通知书文号	
原有效期			有效期延至	年　月　日
指定代表或者共同委托代理人				
具体经办人姓名		身份证件号码		联系电话
授权期限	自　年　月　日至　年　月　日			
授权权限 1．同意□不同意□核对登记材料中的复印件并签署核对意见； 　　　　2．同意□不同意□修改有关表格的填写错误； 　　　　3．同意□不同意□领取《企业名称预先核准通知书》。				
（指定代表或委托代理人、具体经办人身份证件复印件粘贴处）				
申请人签字或盖章				年　月　日

注：企业名称预先核准申请书填写说明

1. 本申请书适用于所有内资企业的名称预先核准申请、名称项目调整（投资人除外）、名称延期申请等。
2. 向登记机关提交的申请书只填写与本次申请有关的栏目。
3. 申请人应根据《企业名称登记管理规定》和《企业名称登记管理实施办法》有关规定申请企业名称预先核准，所提供信息应真实、合法、有效。
4. "企业类型"栏应根据以下具体类型选择填写：有限责任公司、股份有限公司、分公司、非公司企业法人、营业单位、企业非法人分支组织、个人独资企业、合伙企业。
5. "经营范围"栏只需填写与企业名称行业表述相一致的主要业务项目，应参照《国民经济行业分类》国家标准及有关规定填写。
6. 申请企业设立名称预先核准、对已核准企业名称项目进行调整或延长有效期限的，申请人为全体投资人。其中，自然人投资的由本人签字，非自然人投资的加盖公章。
7. 在原核准名称不变的情况下，可以对已核准名称项目进行调整，如住所、注册资本（金）等，变更投资人项目的除外。
8. 《企业名称预先核准通知书》的延期应当在有效期期满前一个月内申请办理，申请延期时应缴回《企业名称预先核准通知书》原件。投资人有正当理由，可以申请《企业名称预先核准通知书》有效期延期六个月，经延期的《企业名称预先核准通知书》不得再次申请延期。
9. 指定代表或委托代理人、具体经办人应在粘贴的身份证件复印件上用黑色钢笔或签字笔签字确认"与原件一致"。
10. "投资人"项及"已核准名称项目调整（投资人除外）"项可加行续写或附页续写。
11. 申请人提交的申请书应当使用A4纸。依本表打印生成的，使用黑色钢笔或签字笔签署；手工填写的，使用黑色钢笔或签字笔工整填写、签署。

五、知识链接

要求熟悉《中华人民共和国公司法》《企业名称登记管理规定》和《企业名称登记管理实施办法》关于企业登记的相关内容和专业知识，认真学习企业法律形式、企业登记方面的知识；按照有关要求认真准备资料，做好预设企业名称、制定企业章程、设计商标等准备工作，再前往行政服务中心工商行政管理科办理企业登记。

项目五 企业开立银行结算账户

一、企业开立银行结算账户业务概述

各仿真组织办理现金收付和日常转账结算，需要到商业银行开立人民币基本结算账户。点击【银行开户】，提示"贵公司尚未完成银行开户任务，请到'商业银行'的'柜台'完成【银行开户】业务"，如图1-13所示。

模块一 实训前准备与工商注册

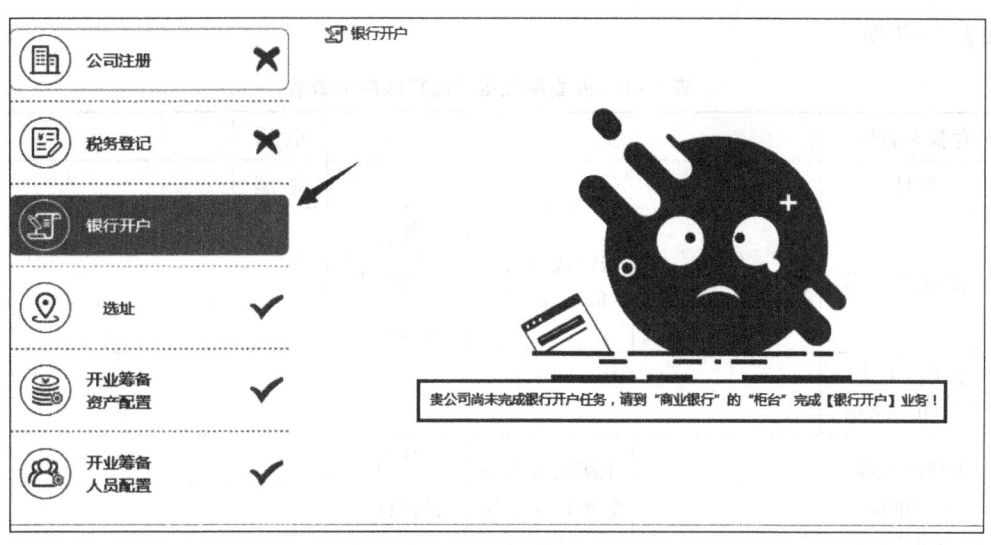

图 1-13 提示银行开户

二、企业开立单位银行结算账户业务流程

企业开立单位银行结算账户业务流程如图 1-14 所示。

图 1-14 企业开立单位银行结算账户业务流程图

三、企业开立单位银行结算账户申请书填制

企业开立单位银行结算账户申请书如表 1-6 所示，开立个人银行结算账户申请书

19

如表 1-7 所示。

表 1-6 开立单位银行结算账户申请书

存款人名称				电 话	
地址				邮 编	
组织机构代码		法定代表人或负责人	姓名		
			证件种类		
			证件号码		
上级法人或主管单位名称					
上级法人或主管单位组织机构代码		上级法人或主管单位法定代表人或负责人	姓名		
			证件种类		
			证件号码		
账户性质	基本存款账户（　　）　　　一般存款账户（　　） 专用存款账户（　　）　　　临时存款账户（　　）				
证明文件种类			证明文件编号		
地税登记证号			国税登记证号		
经营范围					
关联企业名称					
以下栏目由开户银行审核后填写：					
开户银行名称					
存款人账号			有效日期　至　　年　月　日		
开户核准号					
本存款人申请开立银行结算账户，承诺所提供的开户资料真实、有效，如有伪造、欺诈，承担法律责任。 法定代表人 或负责人（签章）	单位（公章） 年　月　日		开户银行审核意见： 同意存款人开立　　　存款账户。 经办人（签章）　　开户银行（业务公章） 年　月　日		
中国人民银行核准意见	（中国人民银行账户管理专用章） 年　月　日				

填写说明：

1. 开立临时存款账户，有效日期必须填写。
2. 本书一式三份，其中：一份存款人留存，一份开户银行留存，一份由开户银行报送中国人民银行当地分支行（不需中国人民银行核准的账户除外）。

表1-7 开立个人银行结算账户申请书

存款人名称			
账　号			
住址			
邮政编码		联系电话	
证件种类		证件编号	
备注			
本人申请开立个人银行结算账户，并承诺所提供的开户资料真实、有效，如有伪造、欺诈，承担法律责任。 存款人（签章） 　　　　　　年　月　日		开户银行审核意见： 同意存款人开立个人银行结算账户。 经办人（签章）　　开户银行（业务公章） 　　　　　　　　　　　年　月　日	

填写说明：

1. 存款人需要使用支票的应在备注栏注明。
2. 本书一式两份，其中：一份存款人留存，一份开户银行留存。

四、企业开立银行结算账户知识链接

要求熟悉并遵守《人民币银行结算账户管理办法》及虚拟商业环境中关于开立银行结算账户的具体规定，并按照规定程序，提交规定材料办理开立银行结算账户业务。

项目六　公共功能操作指引

一、筹备开业

企业完成工商注册和银行开户后，进入开业筹备工作阶段，包括基本资产配置、基本人员配置。筹备工作完成后，点击预备页面下方的【开业】按钮，系统提示开业大吉！

完成开业工作后，进入组织首页，如图1-15所示，首页图标中包含实训任务、资金状况、信息中心、实训资源、得分榜、团队路演和服务评分等七个功能模块。

图 1-15 组织首页

二、实训任务

点击组织首页【实训任务】按钮，显示所有的实训时间点、实训进度、任务完成情况和任务完成时间，如图 1-16 所示。如果当前实训时间段任务完成，点击【完成当前任务】，系统记录任务完成时间；在每个时间节点，对同类组织中先完成任务的单位，平台给予加分。

图 1-16 实训任务控制

三、查看资金状况

1. 查询资金账户和余额

点击组织首页的【资金状况】按钮，可以查看组织的银行账户、资金当前余额和每个时间节点的资金余额走势图，如图 1-17 所示。

图 1-17 查看资金状况

点击资金状况页面的【银行流水明细】按钮，弹出银行流水明细账，可以输入时间段进行查询；点击资金状况页面的【银行转账明细】按钮，弹出银行转账明细表，可以输入时间段进行查询。

四、信息中心

1. 查看信息

在组织首页点击【信息中心】按钮，可查看企业组织收到的系统公告、通知消息，如图 1-18 所示。

图 1-18 信息中心

2. 发送信息

在信息中心页面，点击左侧最下面的【机构发件箱】，进入发送信息界面，如图 1-19 所示。点击【新增】按钮，选择接收信息的组织，填写信息主题和信息内容，确认无误后，点击【发送】按钮。

图 1-19 机构发件箱

五、实训资源

在首页点击【实训资源】，可查看实训的相关资源。

六、得分榜

在组织首页点击【得分榜】，可查看团队平时得分、个人平时得分、经营团队得分、服务团队得分、个人最终得分等信息，如图 1-20 所示。

图 1-20 得分榜

得分榜按照以下规则计算分数（根据期初教师配置参数，计分方式可能略有不同）。

1. 团队平时得分

每个时间节点，前 25% 完成任务的团队加 5 分，前 25%～50% 完成任务的团队加 3 分，前 50%～75% 完成任务的团队加 1 分，最后 25% 完成任务的不加分。团队参加路演可以获得加分，得分为路演平均分 ×10 分。最后得分折算成百分制分数，并占团队成绩的 50%。

2. 个人平时得分

个人基础分为 100 分，参加负责人岗位竞选加 20 分，竞选成功加 20 分，每投票 1 次加 2 分；每迟到/早退 1 次扣 5 分，同时按照迟到/早退分钟数每分钟扣 1 分；请假每次扣 5 分，旷课每节课扣 10 分。最后得分折算成百分制分数。

3. 经营团队得分

经营性组织按照经营业绩计算分数，其中所有者权益占 50%，当期主营业务收入占 25%，当期净利润占 25%。得分折算成百分制分数，并占团队成绩的 50%。

4. 团队服务得分

各组织可以对服务性组织，包括行政服务中心、交易服务中心、人才交流中心、商业银行、会计师事务所的服务进行评分。服务性组织获得平均分折算成百分制得分，并占团队成绩的 50%。

5. 个人最终得分

个人最终得分将按照学员姓名、学号、团队最终得分和个人最终得分列示每个学员的成绩。

七、团队路演

在组织首页点击【团队路演】按钮，可以看到路演列表，可以对正在进行的路演进行投票，如图 1-21 所示。学员每次投票都能获得个人成绩加分。

图 1-21 团队路演投票

八、服务评分

在组织首页点击【服务评分】按钮，可以看到经营性组织评分情况表，如图 1-22 所示。点击【新增】按钮，可以增加对服务组织的评分，如图 1-23 所示。点击【服务评分】栏的分数，选择 1~5 分，同时可以在【服务评价】栏中输入评语，确认无误后，点击【提交】，输入错误可点击右侧的【删除】按钮。

图 1-22　查看服务评分

图 1-23　新增服务评分

模块二
虚拟商业环境仿真规则

项目一 商业环境规则

商业环境规则是仿真环境中各组织开展运营活动必须共同遵守的行业规则。

一、关于启动资金和日常运营费用的规则

1. 各组织的启动资金

各组织的启动资金如表 2-1 所示,启动资金会在银行开户时自动转入组织的银行账户。

表 2-1 各组织的启动资金

行号	组织	启动资金（元）
1	行政服务中心	1 000 000.00
2	交易服务中心	500 000 000.00
3	人才交流中心	1 000 000.00
4	商业银行	100 000 000.00
5	会计师事务所	5 000 000.00
6	制造公司	10 000 000.00
7	商贸公司	5 000 000.00
8	供应公司	5 000 000.00
9	物流公司	5 000 000.00

2. 日常运营费用

各组织根据业务性质不同,需要支付的日常运营费用项目会有区别,但费用的标准是一致的,具体费用标准如表 2-2 所示。

表 2-2 组织的日常运营费用

费用项目	金额	收费单位	核算项目	说明
办公楼租金	8 000 元/月	交易服务中心	管理费用	自有办公楼、办公室、仓库和厂房不需要支付租金
办公室租金（商贸公司）	4 000 元/月	交易服务中心	销售费用	
仓库租金	6 800 元/月	交易服务中心	管理费用	
厂房租金	20 000 元/月	交易服务中心	管理费用	
总部办公费	20 000 元/月	行政服务中心	管理费用	总部办公费
销售部门办公费	10 000 元/月	行政服务中心综合局	销售费用	销售部门办公费
交易会会务费	3 000 元/次	交易服务中心	管理/销售费用	销售部门参加交易会记销售费用，采购部门参加交易会记管理费用
设备维护费	3 000 元/月	行政服务中心	制造费用	生产线维护费
水电费	1 元/产成品	行政服务中心	制造费用	
招聘费	600 元/人	人才交流中心	管理费用	
培训费	800 元/人	人才交流中心	管理费用	
人才外包费	1 000 元/人	人才交流中心	管理费用	
行政处罚	订单/合同金额的 5%	行政服务中心	营业外支出	
违约金	订单/合同金额的 20%	合同对方	营业外支出	
利息支出	按银行同期利率计算	银行	财务费用	
调研费	2 000 元/次	交易服务中心	销售费用	交易服务中心调研费

二、人力资源规则

1. 岗位级别与工资

经营性组织的岗位级别与工资标准如表 2-3 所示。

表 2-3 组营性组织的岗位级别与工资标准

岗位	级别	工资（元/月）	说明
总经理	7 级	10 000	包括所有经营性组织负责人
部门经理	6 级	8 000	各一级部门负责人，如业务部经理
主管	5 级	6 000	各二级部门负责人，如销售主管
职员	4 级	4 000	各部门职员（不含生产人员），如：营销人员、采购员、司机、仓管员、财会人员、人事专员等

续上表

岗位	级别	工资（元/月）	说　明
高级工人	3级	3 200	
中级工人	2级	3 000	
初级工人	1级	2 800	

2．招聘规则

经营性组织在日常工作中需要招聘的人员不同，在虚拟商业环境中，各组织日常运营中需要招聘的人员和费用如表2－4所示。

表2－4　招聘的人员和费用

序号	岗位名称	招聘企业	招聘费用（元）
1	初级工人	制造公司	600
2	销售主管	商贸公司	600
3	销售员	商贸公司、供应公司	600
4	采购员	供应公司	600
5	仓储主管	物流公司	600
6	仓管员	物流公司	600

注：经营性组织提交招聘申请后，由人才交流中心根据人才供应量进行审核，审核通过的要一个月后人员才能到岗。

3．人事外包规则

在虚拟商业环境中，初级工人的招聘数量不设上限，其他岗位的人才供应数量是有限的，如果紧缺岗位招聘不成功，可以向人才交流中心申请人事外包，由人才交流中心派遣合适人员从事该岗位工作，人才交流中心每月收费为该员工当月工资的10%，在岗期间按月收取。人事外包的员工可以当月到岗。

4．薪酬与社保规则

（1）应发工资＝岗位基本工资；

（2）代扣社保＝应发工资×5.5%；

（3）代扣住房公积金＝应发工资×12%；

（4）计税工资＝应发工资－代扣社保－代扣住房公积金；

（5）个人所得税＝（计税工资－3 500）×10%。

注：现实中执行的是2012年实行的7级超额累进个人所得税税率，虚拟商业环境对个人所得税的计税办法进行了简化。

三、财务规则

1．增值税税率与发票类型

仿真环境设定销售不动产、销售设备、销售产品、销售原材料、出租固定资产和提供运输服务需要开具增值税专用发票，提供劳务服务、信息咨询和水电费需要开具增值税普通发票，具体税率与发票类型如表2-5所示。

表2-5 税率与发票类型

业务类型	适用税率（%）	发票种类	说　明
销售不动产	11	增值税专用发票	销售厂房、仓库、办公楼、办公室
销售固定资产（设备）	17	增值税专用发票	销售生产线、卡车等
销售产品、原材料	17	增值税专用发票	销售产品、原材料
出租固定资产	17	增值税专用发票	出租厂房、仓库、办公楼、办公室
提供物流运输服务	11	增值税专用发票	物流运输费
提供劳务服务	6	增值税普通发票	招聘费、培训费、人事外包费
提供信息咨询	6	增值税普通发票	调研费、会务费
代收水电费服务	6	增值税普通发票	水电费

注：在虚拟商业环境中，开具增值税专用发票的报价默认不含税价，开具增值税普通发票的报价默认为含税价。

2. 商业银行贷款规则

经营性组织可以向商业银行申请贷款，贷款的期数、利率和额度如表2-6所示。

表2-6 贷款规则

贷款类型	贷款期数（月）	利率	还款	备　注
长期贷款	60、120、240	利率可由银行调整	每月还息，到期还本	贷款总额为企业固定资产的50%～70%
短期贷款	3、6、12		每期还款为（本金+利息）/期数，到期还清	贷款额度为所有者权益的20%～60%

注：长期贷款申请通过后款项次月到账；短期贷款申请通过后款项当月到账。

3. 原材料与产成品入库的核算规则

原材料和产成品入库时按照加权平均法核算库存平均单位成本，计算方法如下：

加权平均单位成本=（上月末存货金额+当月购入存货金额）/（上月末库存数量+当月购入存货数量）

4. 提交报表和纳税周期规则

在虚拟商业环境中，要求每个季度填报财务报表和进行纳税申报。即四月初报第一季度报表，七月初报第二季度报表，十月初报第三季度报表，下年一月初报年报。填报报表的同时进行纳税申报。

四、固定资产管理规则

1. 固定资产购买和折旧规则

固定资产购买和折旧规则如表2-7所示。

表2-7 固定资产购买和折旧规则

固定资产	单位	购买价格（元）	折旧年限（年）	每月折旧（元）
办公楼	栋	720 000	20	3 000
办公室	套	360 000	20	1 500
办公设备	套	10 800	3	300
原材料仓库	个	600 000	20	2 500
成品仓库	个	600 000	20	2 500
卡车A	辆	120 000	5	2 000
卡车B	辆	150 000	5	2 500
厂房	栋	2 400 000	20	10 000
手工生产线	条	90 000	10	250
半自动生产线	条	360 000	10	500
全自动生产线	条	720 000	10	1 000

注：①购买生产线审核通过后，需要一个月的安装调试周期才能入库交付使用。其他固定资产在采购订单审核通过后马上可以入库使用。

②固定资产变卖只能按残值变卖，残值按照购买价格的10%计算。如果净值大于残值，损失部分计入营业外支出，如果净值小于残值，收益部分计入营业外收入。

2. 经营性组织配置办公设备的数量要求

经营性组织开业时必须购置一定数量的办公设备，具体数量如表2-8所示。

表2-8 经营性组织的办公设备套数列表

序号	企业名称	设备数量（套）
1	制造公司	14
2	商贸公司	10
3	供应公司	10
4	物流公司	10

五、产品规则

1. 产品物料清单规则

表2-9所示为各产品的原材料结构，产品的净重和原材料的净重。

表 2-9 产品物料清单

物料＼产品	经济型童车	舒适型童车	豪华型童车	净重（kg）
车身	1	1	1	10
车轮	4	4	4	0.5
电机	1	1	2	0.5
电池	1	1	1	0.3
电源适配器	1	1	1	0.3
音乐模块	—	1	1	0.2
遥控模块	—	—	1	0.5
总净重（kg）	13.1	13.3	14.3	
体积（尺寸单位：cm）	130×70×50	130×70×50	130×70×50	

2. 产品研发规则

表 2-10 所示是产品研发规则。

表 2-10 产品研发规则

产品名称	研发周期（月）	研发费用（元）	研发总费用（元）	研发条件
经济型童车	1	30 000	30 000	无
舒适型童车	2	50 000	100 000	经济型童车研发成功
豪华型童车	3	60 000	180 000	舒适型童车研发成功

项目二　制造公司规则

一、公司开业规则

1. 开业需要购置的固定资产和费用

制造公司开业时需要配置的固定资产情况如表 2-11 所示。

表 2-11 制造公司开业需要配置的固定资产一览表

序号	付款项目	数量	单价（元）	总价（元）	税率（%）	税额（元）	合计（元）
1	办公楼	1	720 000.00	720 000.00	11	79 200.00	799 200.00
2	厂房	1	2 400 000.00	2 400 000.00	11	264 000.00	2 664 000.00
3	办公设备	14	10 800.00	151 200.00	17	25 704.00	176 904.00
4	成品仓库	1	600 000.00	600 000.00	11	66 000.00	666 000.00
5	原材料仓库	1	600 000.00	600 000.00	11	66 000.00	666 000.00
	合计			4 471 200.00		500 904.00	4 972 104.00

2. 开业需要招聘的人员与费用

制造公司开业时需要招聘的人员和费用情况如表 2–12 所示。

表 2–12　制造公司开业需要招聘的人员和费用

序号	岗位名称	招聘人数（人）	招聘费用（元/人）
1	会计员	1	600.00
2	人事专员	1	600.00
4	采购员	1	600.00
5	销售员	1	600.00
6	仓管员	1	600.00

二、生产管理规则

生产线人员配置和生产能力规则如表 2–13 所示。

表 2–13　生产线人员配置和生产能力规则

生产线	初级工人	中级工人	高级工人	人数上限（人）	每人每月产量（台）	每月设备维护费（元）
手工生产线	√	√	√	10	100	3 000
半自动生产线	×	√	√	10	150	3 000
全自动生产线	×	×	√	10	200	3 000

注：①每个厂房可以容纳 8 条生产线；
②"√"表示可安排本级别工人；"×"表示不可安排本级别工人。

三、生产工人培训与晋升规则

初级工人和中级工人需要经过一定周期的培训才能晋升，具体规则如表 2–14 和表 2–15 所示。

表 2–14　在职培训规则

岗　位	培训费用（元/人）	培训周期（个月）	培训成果
初级工人	400 元/人	1	可晋升中级工人
中级工人	800 元/人	1	可晋升高级工人
高级工人	—		

表 2–15　脱产培训规则

岗　位	培训费用（元/人）	培训周期（个月）	培训成果
初级工人	800	1	可晋升中级工人
中级工人	1 600	1	可晋升高级工人
高级工人	—		

项目三 商贸公司规则

一、公司开业规则

1. 开业需要配置的固定资产和费用

商贸公司开业时需要配置的固定资产情况如表 2-16 所示。

表 2-16 商贸公司开业时需要配置的固定资产一览表

序号	付款项目	数量	单价（元）	总价（元）	税率（%）	税额（元）	合计（元）
1	办公楼	1 栋	720 000.00	720 000.00	11	79 200.00	799 200.00
2	办公设备	10 套	10 800.00	108 000.00	17	18 360.00	126 360.00
合计				828 000.00		97 560.00	925 560.00

2. 开业需要招聘的人员与费用

商贸公司开业时需要招聘的人员和费用情况如表 2-17 所示。

表 2-17 商贸公司开业需要招聘的人员和费用

序号	岗位名称	招聘人数（人）	招聘费用（元/人）	总价（元）
1	会计员	1	600.00	600.00
2	人事专员	1	600.00	600.00
3	采购员	1	600.00	600.00
4	销售员	1	600.00	600.00
5	销售主管	1	600.00	600.00
合计		5		3000.00

二、市场开拓规则

商贸公司的市场开拓规则如表 2-18 所示。

表 2-18 市场开拓规则

市场	地点	开拓周期	开拓条件
东部市场	上海	本部，默认开拓	
西部市场	重庆	未开拓	在该区域最少应有办公室 1 间、销售主管 1 名、销售员 1 名方可开拓
南部市场	广州	未开拓	
北部市场	北京	未开拓	

三、交易规则

商贸公司与交易服务中心交易的产成品价格以商贸公司的报价为成交价格，订单数量按照商贸公司的报价、市场需求量和商贸公司竞单时申报的数量综合评价，一般竞单方案上的价格越高，获得订单数量越少，但是获取的订单数量最多不超过商贸公司申报的数量。商贸公司获取订单后应该在季度末按照订单数量交货，否则将需要缴纳违约罚金。

商贸公司与制造公司的产品交易价格、数量和交货期由交易双方线下谈判沟通确定。制造公司必须满足订单数量才可在交货期内向商贸公司交货。不能按期交货的需按照合同约定缴纳违约金；如需赔偿，则在缴纳违约金后再协商赔偿金额。

项目四　供应商规则

一、公司开业规则

1. 开业需要配置的固定资产和费用

供应商开业时需要配置的固定资产情况如表2-19所示。

表2-19　供应商开业需要配置的固定资产一览表

序号	付款项目	数量	单价（元）	总价（元）	税率（%）	税额（元）	合计（元）
1	办公楼	1	720 000.00	720 000.00	11	79 200.00	799 200.00
2	办公设备	10	10 800.00	108 000.00	17	18 360.00	126 360.00
	合计			828 000.00		97 560.00	925 560.00

2. 开业需要招聘的人员与费用

供应商开业时需要招聘的人员和费用情况如表2-20所示。

表2-20　供应商开业需招聘的人员和费用

序号	岗位名称	招聘人数	招聘费用（元/人）	总价（元）
1	会计员	1	600.00	600.00
2	人事专员	1	600.00	600.00
3	采购员	1	600.00	600.00
4	销售员	1	600.00	600.00
	合计	4		2 400.00

二、交易规则

供应商与交易服务中心交易的原材料价格以供应商的报价为成交价格，订单数量按照供应商的报价、市场供应量和供应商竞单时申报的数量综合评价，一般竞单方案上的价格越高,获得原材料订单数量越多,但是获取的订单数量最多不超过供应商申报的数量。竞单结束,生成原材料订单后,交易服务中心会即时把原材料送到供应商的仓库,供应商必须有原材料仓库才能收货。

供应商与制造公司的原材料交易价格、数量和交货期由交易双方线下谈判沟通确定。供应商必须满足订单数量才可在交货期内向制造公司交货。不能按期交货的需按照合同约定缴纳违约金;如需赔偿,则在缴纳违约金后再协商赔偿金额。

项目五　物流公司规则

一、公司开业规则

1. 开业需要配置的固定资产和费用

物流公司开业时需要配置的固定资产情况如表2-21所示。

表2-21　物流公司开业时需要配置的固定资产一览表

序号	付款项目	数量	单价(元)	总价(元)	税率(%)	税额(元)	合计(元)
1	办公楼	1	720 000.00	720 000.00	11	79 200.00	799 200.00
2	办公室	1	360 000.00	360 000.00	11	39 600.00	399 600.00
3	办公设备	10	10 800.00	108 000.00	17	18 360.00	126 360.00
4	成品仓库	1	600 000.00	600 000.00	11	66 000.00	666 000.00
5	原材料仓库	1	600 000.00	600 000.00	11	66 000.00	666 000.00
6	卡车A	1	120 000.00	120 000.00	17	20 400.00	140 400.00
7	卡车B	1	150 000.00	150 000.00	17	25 500.00	175 500.00
	合计			2 658 000		315 060	2 973 060

2. 开业需要招聘的人员与费用

物流公司开业时需要招聘的人员和费用情况如表2-22所示。

表2-22　物流公司开业需要招聘的人员和费用

序号	岗位名称	招聘人数	招聘费用(元/人)	总价(元)	税率(%)	税额(元)
1	仓管员	1	600.00	600.00	6	36.00
2	仓储主管	1	600.00	600.00	6	36.00
3	会计员	1	600.00	600.00	6	36.00
4	人事专员	1	600.00	600.00	6	36.00
5	调度员	1	600.00	600.00	6	36.00
	合计	5		3 000.00		180.00

三、运输规则

1. 卡车载重规则

卡车载重规则如表 2-23 所示。

表 2-23 卡车载重规则

车型	载重（kg）
卡车 A	5 000
卡车 B	10 000

2. 各市场之间的运输距离

在虚拟商业环境中，各市场之间的运输距离如图 2-1 所示。

图 2-1 各市场之间的运输距离

3. 各市场运输天数规则

各市场的原材料和产品的运输天数如表 2-24 所示。

表 2-24 各市场的原材料和产品的运输天数

目的地	始发地			
	东部	西部	南部	北部
东部	2 天	5 天	4 天	4 天
西部	5 天	2 天	4 天	4 天
南部	4 天	4 天	2 天	5 天
北部	4 天	4 天	5 天	2 天

注：运输天数是装卸货和在途运输的合计天数。

4. 配置发运规则说明

（1）每个月只能执行一次运输计划，且只能月初执行，每条线路的运输订单量不能大于运输能力。

（2）当前市场油价为 6.5 元/L。

（3）卡车 A 过路费为 1 元/km，油耗费为 0.15L/kg；卡车 B 过路费为 1.8 元/km，油耗费为 0.2L/km。

（4）燃油费 = 油价市场价 × 油耗 × 行驶里程。

（5）原材料和成品配载时，均只考虑是否超出车辆载重量限制，为了提升车辆利用率，原材料和产品均可以混装。

（6）产品和原材料的单位重量见表 2-9。

四、市场开拓规则

物流公司只能在本部或已经开拓的市场揽收物流运输订单，开拓市场的基本条件是在该市场有仓库、仓储主管和仓管员。物流公司市场的开拓规则如表 2-25 所示。

表 2-25 市场开拓规则

市场	地点	开拓周期	开拓条件
西部市场	重庆	本部，默认开拓	
东部市场	上海	未开拓	在该区域最少应有仓库 1 间、仓储主管 1 名、仓管员 1 名方可开拓
南部市场	广州	未开拓	
北部市场	北京	未开拓	

注：因为运输到货是直接运输到需求方，所以未开拓的市场可以作为运输的到达点，但不能作为起运点。

第二篇
综合运营篇

第二篇
農業協同組合

模块三
制造公司运营

在虚拟商业环境综合实训平台中,制造公司成员登录进入制造公司首页,如图3-1所示。左上角为操作人员的姓名、部门和职位,正中上方为虚拟时间,右上角为公共菜单栏和退出菜单,右下角为操作菜单;蓝色菜单表示本岗位具有该菜单的操作权限,灰色菜单表示本岗位没有该菜单的操作权限。

图3-1 制造公司首页

图3-2 制造公司工作界面

在图 3-1 中，把光标指向右下角蓝色的菜单，可以查阅每个菜单的功能，点击任意蓝色的菜单跳转到工作界面，如图 3-2 所示。

在虚拟商业环境综合平台中，制造公司各部门的功能模块和职责对照如表 3-1 所示。

表 3-1　制造公司的功能模块和职责对照

部门操作	操作角色	功能模块		规则说明
		一级菜单	二级菜单	
人力资源部	人力资源经理	人事管理	档案管理	查看企业员工档案
			薪资社保	结算员工薪资社保
			人员招聘	进行人员招聘，制造公司可招聘人员为初级工人（生产）
			人员培训	工人培训提升等级
			在产培训	审核在产培训
			人员外包	提交人力资源外包申请
财务部	财务经理	财务管理	应收款管理	查看企业应收款记录
			应付款管理	查看企业应付款记录，含审核付款（实训配置为审核付款模式时）
			发票管理	查看企业交易生成的发票
			银行贷款	企业贷款业务办理
			工资发放	员工工资审核发放
			营业费用	结算企业应用费用
			纳税申报	企业纳税申报
			资产管理	查看企业资产状况及资产折旧
			财务报表	填写资产负债表、利润表、成本核算表
	出纳	财务管理		操作权限参考财务经理
销售部	销售经理	成品交易会	参加交易会	企业参加交易会
			订单签约登记	企业进行成品订单签约登记（目前为交易服务中心签约）
		销售管理	销售订单	接收商贸企业订单，查看合同情况
			订单交付	销售订单交付
			政府采购投标	参加政府采购投标
			政府采购订单	政府采购订单中标交付

续上表

部门操作	操作角色	功能模块		规则说明
		一级菜单	二级菜单	
采购部	采购经理	原材料交易会	参加交易会	企业参加原材料交易会
			订单签约情况	与供应公司进行原材料采购交易
		采购管理	采购订单	发布原材料订单并查看合同情况
			采购到货	原材料采购到货入库操作
			固定资产采购	固定资产采购提交及合同查看
			政府拍卖竞拍	参加政府拍卖竞拍
			政府拍卖订单	成交政府拍卖订单交付
仓储部	仓储经理	仓储管理	库存出库	查看库存出库情况,包括原材料成品
			库存入库	查看库存入库情况,包括原材料成品
			库存台账	查看库存情况并生成台账
生产部	生产经理	生产管理	产品档案	查看企业已研发的产品档案
			产品研发	企业研发新产品
			生产计划	编制生产计划
			需求计划	根据订单与生产计划计算物料需求及人员/设备需求并生成计划
			需求列表	根据订单及需求计划列出需求列表并提供解决方案
			生产排程	制作生产排程
			领料	进行生产活动
			完工	完工入库
	生产主管	生产管理		操作权限及规则参考生产经理
其他	总经理	全部		总经理可操作所有模块功能

人事管理与财务管理业务请参考第三篇之《模块十二 人事管理》《模块十三 财务管理》。

项目一　生产管理

一、产品研发

1. 工作描述

如果需要获得某种产品的订单,模拟企业需要先研发出该种产品。在系统平台中需在一定的研发周期里投入对应的研发资金。

2. 工作指引

点击工作界面【生产管理】的下拉菜单【产品研发】，可新增需要研发的产品，如图 3-3 所示。转到【新产品研发】页面后，选择所需研发产品，填入投入工程师人数、研发周期、费用等，则可以开始研发，如图 3-4 所示。

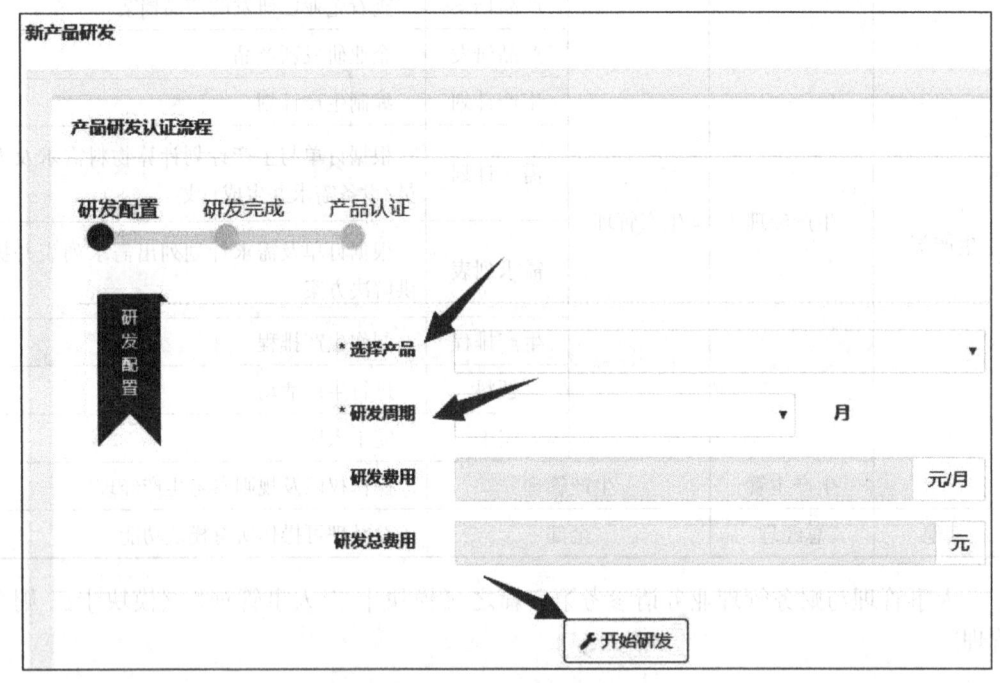

图 3-3　产品研发界面

图 3-4　新产品研发

产品研发后，需要一定的研发周期来完成研发。研发完成后，在行政服务中心的工商局的资质认证模块进行资质认证后，走完整个研发流程。

3. 知识链接

在此系统平台中，产品研发只能由低到高，只能先研发舒适型童车再研发豪华型童车，研发周期统一为一个月，研发费用由低到高。

二、生产计划

1. 工作描述

生产计划是关于企业生产运作系统总体方面的计划，是企业在计划期应达到的产品品种、质量、产量和产值等生产任务的计划，是指导企业计划期生产活动的纲领性文件。

2. 工作指引

点击工作界面【生产管理】的下拉菜单【生产计划】，如图 3-5 所示，可新增生产计划，如图 3-6 所示。

图 3-5　生产计划界面

图 3-6　制定新的生产计划

可以做一个月的生产计划，也可以新增数行做未来几个月的生产计划。【计划标题】栏要写明是哪个月的生产计划。在月初做生产计划，则计划截止时间在当月末（也就是月末产品完工）。

3. 知识链接

制订生产计划时,要注意几点:第一,保证交货日期与生产量;第二,作为原材料采购的基准依据;第三,对长期的增产计划,要做好人员与机器设备需求计划。

三、需求计划

1. 工作描述

依据主生产计划、物料清单、库存记录和已订未交货订单等资料,经由计算而得到各种相关需求物料的需求状况,同时提出各种新订单补充的建议。

2. 工作指引

点击工作界面【生产管理】的下拉菜单【需求计划】,则可根据之前的生产计划新增需求计划,如图3-7所示。

编号	计划标题	计划时间(虚拟)	计划截止时间(虚拟)	计划员	创建时间	操作
61	四月份生产计划	2020-03-28	2020-04-28	学生6hh	2018-03-14 18:27:16	需求计划
53	生产计划2019-12-02	2019-12-02	2019-12-02	学生6	2018-02-02 11:28:06	需求计划
49	生产计划2019-07-02	2019-07-02	2019-07-02	学生6	2018-01-30 16:36:12	需求计划
43	生产计划2019-01-02	2019-01-02	2019-03-28	学生6	2018-01-26 15:46:07	需求计划

图3-7 需求计划界面

系统根据订单数量列出【物料需求计划】以及【人员/设备需求计划】,如图3-8、图3-9所示。

物料需求计划				物料需求					
人员/设备需求计划	产品名称	需求数量	交货期	物料名称	净重	单位	用量	库存量	需采购量	到货期
	经济型童车	1000	2020-04-28	车身	10	kg	1000	51	949	2020-04-28
				车轮	0.5	kg	4000	200	3800	2020-04-28
				电机	0.5	kg	1000	50	950	2020-04-28
				电池	0.3	kg	1000	50	950	2020-04-28
				电源适配器	0.3	kg	1000	50	950	2020-04-28

图3-8 物料需求计划

图 3-9 人员/设备需求计划

【人员/设备需求计划】页面可对人员进行编辑操作。高级工人可以在任意生产线工作，中级工人可以在手工和半自动生产线工作，初级工人只能在手工生产线工作。

而系统平台有【需求列表】一项，在【生产管理】的下拉菜单中可以看到，如图 3-10 所示。

编号	计划标题	计划时间(虚拟)	计划截止时间(虚拟)	计划员	创建时间	操作
61	四月份生产计划	2020-03-28	2020-04-28	学生6hh	2018-03-14 18:27:16	需求详情
53	生产计划2019-12-02	2019-12-02	2019-12-02	学生6	2018-02-02 11:28:06	需求详情
49	生产计划2019-07-02	2019-07-02	2019-07-02	学生6	2018-01-30 16:36:12	需求详情
43	生产计划2019-01-02	2019-01-02	2019-03-28	学生6	2018-01-26 15:46:07	需求详情

图 3-10 需求列表界面

如果在做需求计划时，未能满足生产计划的需要，则在需求列表中会对需求缺口给出补充数量，可继续采购原材料或招聘人员。如图 3-11～图 3-13 所示。

序号	产品名称	需求数量	交货期	物料需求						操作
				物料名称	净重	单位	用量	库存量	需采购量	到货期	
1	经济型童车	1000	2020-04-28	车身	10	kg	1000	51	949	2020-04-28	采购
2				车轮	0.5	kg	4000	200	3800	2020-04-28	采购
3				电机	0.5	kg	1000	50	950	2020-04-28	采购
4				电池	0.3	kg	1000	50	950	2020-04-28	采购
5				电源适配器	0.3	kg	1000	50	950	2020-04-28	采购

图 3-11 物料需求计划的修正

物料需求计划	序号	产品名称	生产数量	工人类别	需求数量	可用数量	招聘数量	操作
人员需求计划	1	经济型童车	1000	初级工人	10	3	7	招聘
设备需求计划								

图 3 – 12　人员需求计划的修正

物料需求计划	序号	产品名称	生产数量	生产线类别	需求数量	可用数量	购买数量	操作
人员需求计划	1	经济型童车	1000	手工生产线	1	1	0	
设备需求计划								

图 3 – 13　设备需求计划的修正

3. 知识链接

制订物料需求计划前必须有以下的基本数据：

（1）生产计划，它指明在某一计划时间段内应生产出的各种产品和备件，是物料需求计划制订的一个最重要的数据来源。

（2）物料清单，它指明了物料之间的结构关系，以及每种物料需求的数量，是物料需求计划系统中最为基础的数据。

（3）库存记录，它把每个物料品目的现有库存量和计划接受量的实际状态反映出来。

（4）提前期，决定着每种物料何时开工、何时完工。

这四项数据都是至关重要、缺一不可的。缺少其中任何一项或任何一项中的数据不完整，物料需求计划的制订都将是不准确的。因此，在制订物料需求计划之前，这四项数据都必须完整地建立好，而且保证是绝对可靠、可执行的数据。

四、生产排程

1. 工作描述

生产排程是指将生产任务分配至生产资源的过程。在考虑能力和设备的前提下，在物料数量一定的情况下，安排各生产任务的生产顺序，优化生产顺序，优化选择生产设备，减少等待时间，平衡各机器和工人的生产负荷，从而优化产能，提高生产效率，缩短生产周期。

2. 工作指引

点击工作界面【生产管理】的下拉菜单【生产排程】，弹出生产排程页面。如图 3 – 14 所示。

图 3-14 生产排程界面

在页面左边，可以看到厂房总体情况、生产线使用情况和工人使用情况。点击页面中的【新增】按钮，则新建生产排程如图 3-15 所示。

图 3-15 新建生产排程

新建生产排程的时候，当库存不足时系统会提示"×库存不足"。

需要注意的是，生产排程在领料生产前可做修改。但是，生产排程一旦开工生产，则不能再进行修改和删除。

在生产排程中，需要选择的是生产线、生产的产品、生产工人数量，可选择是否在产培训。如果选择在产培训,则在生产中可对工人进行培训。其中,在产培训需要经人力资源部审核同意后,收取一定的培训费方可进行在产培训。在产培训需通知人事部安排培训工作。

3. 知识链接

生产排程的依据和原则:

(1) 生产的产品供不应求时:以调查产品瓶颈限制产能工序为依据,以边际利润高为导向排产。

(2) 生产产品供过于求时:以成本优先为原则,以市场及客户满意度为导向排产。

(3) 交货期的先后:交货期越短,交货时间越紧急的产品,越应安排在最早时间生产。

(4) 客户分类:客户有重点客户、一般客户之分,越重点的客户,其排程应越受到重视。如有的公司根据销售额按 ABC 法对客户进行分类,A 类客户应受到最优先的待遇,B 类次之,C 类更次。

(5) 产能平衡:各生产线生产应顺畅,半成品生产线与成品生产线的生产速度应相同,机器负荷应考虑,不能产生生产瓶颈,出现停工待料事件。

(6) 工艺流程:工序越多的产品,制造时间愈长,应重点予以关注。

五、领料生产

1. 工作描述

当制造公司接到商贸公司的订单后,在原材料、生产线、工人等条件满足后,可在领料生产模块进行产品的生产。

2. 工作指引

点击工作界面【生产管理】的下拉菜单【领料生产】,可进入领料生产模块界面。根据生产排程,点击【组织生产】进行产品生产,如图 3-16、图 3-17 所示。

图 3-16 组织生产

领料生产详情

序号	原材料名称	需求数量	库存数量	当前状态
1	车身	100	101	✔库存足够
2	车轮	400	400	✔库存足够
3	电机	100	100	✔库存足够
4	电池	100	100	✔库存足够
5	电源适配器	100	100	✔库存足够

原材料投入

开工生产

图 3-17 开工生产

开始生产后，可点击【查看详情】查看生产的详细内容以及成品成本，如图 3-16 所示。

3. 知识链接

领料时需要线下填写领料单。领料单的内容有领用部门、领用日期、材料名称、单位、数量等。为明确材料领用的责任，领料单除了要有领用人的签名外，还需要主管人员的签名和管理员的签名等。

六、完工入库

1. 工作描述

产品生产完成后，将产品入库。

2. 工作指引

点开工作界面【生产管理】的下拉菜单【完工入库】，弹出完工入库页面。

生产周期为一个月，时间为上月 2 日至本月 2 日，当生产满足一个生产周期后，需进行完工入库操作，具体操作如图 3-18、图 3-19 所示。

图 3-18 完工入库操作

序号	原材料名称	投入数量	单位成本	原材料成本
1	车身	100	100	10000
2	车轮	400	5	2000
3	电机	100	20	2000
4	电池	100	30	3000
5	电源适配器	100	30	3000
合计	—	—	—	20000

❶ 成品单位成本 =（总工人成本 + 总原材料成本 + 总设备维护费 + 总水电费 + 总生产线折旧费）÷ 总产能
这批产品的单位成本为：246.5 元

图 3-19 完工入库操作（续）

注意：生产成品的原材料需根据产能购买对应生产线产能：
手工生产线：每个工人每月的产能为 100 辆车，生产线最大产能 1 000 辆车；
半自动生产线：每个工人每月的产能为 150 辆车，生产线最大产能 1 500 辆车；
全自动生产线：每个工人每月的产能为 200 辆车，生产线最大产能 2 000 辆车。

3. 知识链接

"完工产品"是指在一个企业内已完成全部生产过程、按规定标准检验合格、可供销售的产品，也称"产成品"或"成品"。产品在生产过程中，不同阶段称谓不同，可分为：待产品、在产品、半成品、产成品（完工产品）。

产品完工后，应填写线下完工单。

项目二 采购管理

一、参加交易会与订单签约

1. 工作描述

制造公司通过参加交易服务中心发起的原材料交易会，与供应商谈判，签订购销合同，从而获得生产产品所需要的原材料和设备。

2. 工作指引

（1）参加交易会。

点击工作界面【成品交易会】下拉菜单中的【参加交易会】，选择当前季度的交易会标题，点击【参加交易会】按钮即可参加。参加成功后按钮变为【已参加】，如图3-20所示。

图3-20 参加交易会界面

（2）订单签约情况。

点击【原材料交易会】下拉菜单的【订单签约情况】，再点击交易会标题可进行交易会选择。点击【接单】按钮进行接单，接单完成后订单状态变为【已发单】，如图3-21所示。签约登记只做记录功能，不影响订单流程。

图3-21 订单签约情况

3. 知识链接

制造公司在参加原材料交易会前，应核算原材料的成本，以便与供应商议价。

《企业会计制度》规定，购进材料的采购成本由下列各项组成：

(1) 买价，不包括增值税税额。

(2) 运杂费，包括运输费、装卸费、保险费、包装费、仓储费。

(3) 运输途中的合理损耗。

(4) 入库前的抵消、整理费用。

(5) 购入材料负担的税金和进口货物的关税。

二、原材料采购

1. 工作描述

制造公司与供应商签订采购订单后，制造公司应向供应商发布采购订单，新增采购订单，填写采购原材料和订单信息。原材料到了之后，则进行采购到货操作。

2. 工作指引

(1) 采购订单。

点击工作界面【采购管理】下拉菜单中的【采购订单】，弹出采购订单界面后，可根据当前所处交易会季度，点击【新增】按钮，如图 3-22 所示，可新增采购订单。填写订单信息，完成后点击【确定】即可。另外，可点击【产品名称】查看采购合同信息。

图 3-22 采购订单界面

根据采购订单的接单状态，可对采购订单进行操作，如接单状态处于"未接单"状态，则可在订单右侧的操作栏中选择【编辑】或【删除】按钮，对订单进行修改和删除操作。

(2) 采购到货。

采购订单到货后，需进行采购到货及到货入库操作。

点击【采购管理】的下拉菜单【采购到货】，点击【确认到货】按钮即可确认到货，如图 3-23 所示。

图 3-23 采购到货界面

3. 知识链接

原材料购进总值的计算方法：以原材料到达本单位并经验收办理完入库手续的数量乘以实际购进价格。

四、固定资产采购与租赁

1. 工作描述

制造公司在生产产品时，如果需要扩大生产，则需要从供应商那里购买或租赁厂房或机器设备。

2. 工作指引

点击【采购管理】下拉菜单中的【固定资产采购】，可以进入固定资产采购页面，如图 3-24 所示。固定资产采购包括购买、租赁模块。

点击【购买】进入固定资产采购合同页面进行提交，如图 3-25 所示。

点击【租赁】进入固定资产租赁合同页面进行提交，如图 3-26 所示。

图 3-24 固定资产采购界面

图 3-25 固定资产购买申请

图 3-26 固定资产租赁申请

3. 知识链接

固定资产采购的特点：

（1）购置活动的非重复性。

对于某种固定资产，企业购置后将在相当长一段时间内不再购置，表现出相对的非重复性。某些易损耗设备及其配件需经常更换，因而其采购工作的特点与一般原材料的特点相类似。对于大多数固定资产来说，使用时间是相当长的。

（2）较长的前置期。

许多固定资产的购置都是为了满足特定企业的特定需要，因而需要按不同企业的不同技术要求来生产。这就必然导致较长的生产周期,从而使从企业发出订货单到实际交货的前置期较长。而且,在这种情况下,双方协商、达成协议和合同期内采购者质量监督、催促发货等工作的繁重程度也会增大。

(3) 较高的一次性投资。

尽管各种固定资产的价格不相同,但相对于一般原材料的采购价格来说都比较高。同时固定资产资金的回收是以折旧的形式逐步实现的,因而资金的使用成本也高。更重要的是,设备在使用过程中需要较高的运行费用和维护费用,而这些费用会远远超出其最初的购买价格,人们通常称其为最终使用成本,它是购置固定资产时所要考虑的一项重要因素。由于以上原因,固定资产采购的决策需要使用部门、采购部门和财务部门共同研究、共同分析后选出最优方案;由于投资大的原因,企业的主要负责人往往是最后的决策者。

(4) 选择供货商的范围受到限制。

对于技术条件复杂的设备,尤其是专用设备,能够满足用户特定需求的供货商数量相对于一般生产资料的供货商将会大大减少。因此,采购者在选择供货商时,选择范围缩小了,从而增大了工作难度。

五、参加政府拍卖竞拍

1. 工作描述

政府拍卖是政府通过交易服务中心,向制造公司拍卖原材料的一个交易途径,其主要目的是解决制造公司生产时原材料不足的问题。制造公司可以参加政府拍卖竞拍,获得合适价格和数量的原材料。

2. 工作指引

(1) 政府拍卖竞拍。

点击【采购管理】的下拉菜单中的【政府拍卖竞拍】,进入【政府拍卖竞拍】界面,如图3-27所示。政府拍卖是政府向制造公司直接拍卖原材料的交易流程,当交易服务中心发布政府拍卖订单后,制造公司在采购管理中的政府拍卖竞拍中,选择需要的原材料拍卖订单,进行出价竞拍,出价只能进行一次。中标后,制造公司需按中标金额交纳1%的佣金。

编号	拍卖机构	原材料名称	拍卖数量	拍卖底价(单价)	竞拍状态	竞拍单价	成交状态	拍卖状态	实训时间(虚拟)	操作
22	交易服务中心	车身	1	100.00	✔已竞拍	100.00	✔已成交	✔已结束	2019-07-02	详情
23	交易服务中心	车身	1	101.00	✔已竞拍	101.00	✔已成交	✔已结束	2019-07-02	详情
25	交易服务中心	车身	1	101.00	✔已竞拍	102.00	✘未成交	✔已结束	2019-10-02	详情
28	交易服务中心	车身	1000	80.00	✘未竞拍	—	✘未成交	✘未结束	2020-03-28	竞拍

图3-27 政府拍卖竞拍界面

在此界面中，可根据订单的竞拍状态、成交状态、拍卖状态，对竞拍进行操作，如竞拍状态为"未竞拍"，制造公司可对该订单进行竞拍操作。点击【竞拍】按钮，可输入竞拍价格提交竞拍，图3-28所示。

图3-28 竞拍操作界面

（2）政府拍卖订单。

当制造公司在政府拍卖中获得拍卖成交，可在【采购管理】下拉菜单中的【政府拍卖订单】中进行成交到货确认及到货入库操作，如图3-29所示。点击【确认到货】按钮进行确认到货操作，到货后，状态变成【已到货】。

图3-29 政府拍卖订单界面

3. 知识链接

制造公司参加政府拍卖竞拍之前,应对自身企业的产能、原材料库存、资金状况等进行分析,做好原材料采购计划,对所需的原材料数量和价格事先有预算。

制造公司参加政府拍卖竞拍时,原则上是价高者得单。

项目三　销售管理

一、参加成品交易会及订单签约

1. 工作描述

制造公司通过参加交易服务中心发起的成品交易会,与商贸企业谈判,签订购销合同,并把成品销售给商贸企业,从而获取利润。

2. 工作指引

(1) 参加交易会。

点击【成品交易会】下拉菜单中的【参加交易会】,可根据当前季度,选择参加的交易会,如图3-30所示。点击【参加交易会】按钮即可参加成功。参加成功后,页面显示【已参加】。

图3-30　参加交易会界面

(2) 订单签约情况。

点击【成品交易会】的下拉菜单【订单签约情况】,然后点击【交易会标题】按钮可进行交易会选择,如图3-31所示。点击【接单】按钮进行接单,接单完成后订单状态变为【已接单】。

图 3-31 订单签约情况界面

在交易会洽谈后，线下签订商品的购销合同。由商贸公司下达订单，制造公司点击【接单】后，合同生效。

(3) 接收订单。

当商贸公司发布采购订单后，制造公司需在销售订单中点击【接单】接收订单。

点击【销售管理】的下拉菜单【销售订单】，点击【接单】按钮，可进行销售订单接单操作，如图 3-32 所示。接单时可按时间或产品进行筛选查看。

图 3-32 销售订单界面

3. 知识链接

制造公司在参加产成品交易会前，应估算生产成本，方可与商贸企业议价。

生产成本估算方法：

成品单位成本 =（总人工成本 + 总原材料成本 + 总设备维护费 + 总水电费 + 总生产线折旧费）÷ 总产量

二、交付订单

1. 工作描述

当制造公司与商贸企业所签的订单，在约定的时间内生产出足量的产品可以供给商贸企业时，则可以进行订单交付。

2. 工作指引

制造公司接受商贸公司的采购订单后，如仓库中有成品库存，且能满足订单需求量，可点击【销售管理】下拉菜单中的【订单交付】，点击【订单交付】按钮，如图3-33所示。点击【确认】即可交付订单成功，如图3-34所示。

图 3-33 订单交付界面

图 3-34 订单交付操作页面

制造公司订单交付的整个流程是：先点击销售管理中的订单交付，点击订单交付后，再到库存管理中的成品出库进行出库操作，填写物流订单，然后物流公司进行货物揽收、货物发运。

3. 知识链接

订单需要及时交付。订单及时交付率是企业满足客户的关键指标，直接影响到企业的信誉度和订单数量。其计算公式如下：

订单及时交付率 = 按时交付订单的数量/需要交付订单的数量×100%

一般情况下，订单及时交付率在20%以下的企业，说明内部各部门之间没有有效沟通，周转资金存在严重问题；在20%～50%之间的企业内部有协调沟通，但是与外部没有追踪协调，导致周转资金存在问题；在50%～75%之间的企业内部有沟通协调，但是效率较低，没有合理安排优先级；在75%以上的企业，影响的条件主要是个别点一直没有有效解决。

如果订单没有按照约定时间交付，制造公司将支付违约金。违约金当按合同约定给付或由行政服务中心裁定执行。

三、参加政府采购投标

1. 工作描述

政府采购是政府通过交易服务中心，向制造公司购买产成品的一个交易途径。制造公司可以参加政府采购投标，向政府销售产品从而获得利润。

2. 工作指引

（1）政府采购投标。

政府采购投标主要用于对政府招标采购项目进行响应投标。

当交易服务中心发布政府采购时，制造公司可点击【销售管理】下拉菜单中的【政府采购投标】，进入政府采购投标界面，如图3-35所示。在政府采购投标界面可看到交易服务中心代理政府委托的政府采购招标订单，可根据投标状态、中标状态、采购状态，对订单进行操作。如果投标状态为【未投标】，则制造公司可点击该条投标信息右侧的操作栏中的【投标】按钮，系统跳转至投标界面，如图3-36所示。这时可进行投标信息填写操作，点击【投标】按钮，即可参加政府采购投标。

编号	采购机构	产品名称	招标数量	招标底价(单价)	交货期(虚拟)	投标状态	投标单价	中标状态	采购状态	实训时间(虚拟)	操作
34	交易服务中心	经济型童车	1	700.00	2019-03-28	✓已投标	700.00	✓已中标	✓已结束	2019-03-02	详情
35	交易服务中心	经济型童车	2	701.00	2019-03-28	✗未投标	--	✗未中标	✗未结束	2019-03-02	投标
36	交易服务中心	经济型童车	1	700.00	2019-09-28	✓已投标	699.00	✓已中标	✓已结束	2019-07-02	详情

图3-35 政府采购投标界面

政府采购时，不同的产品分开采购。在路演得分相同的情况下，政府采购为价低者中标。

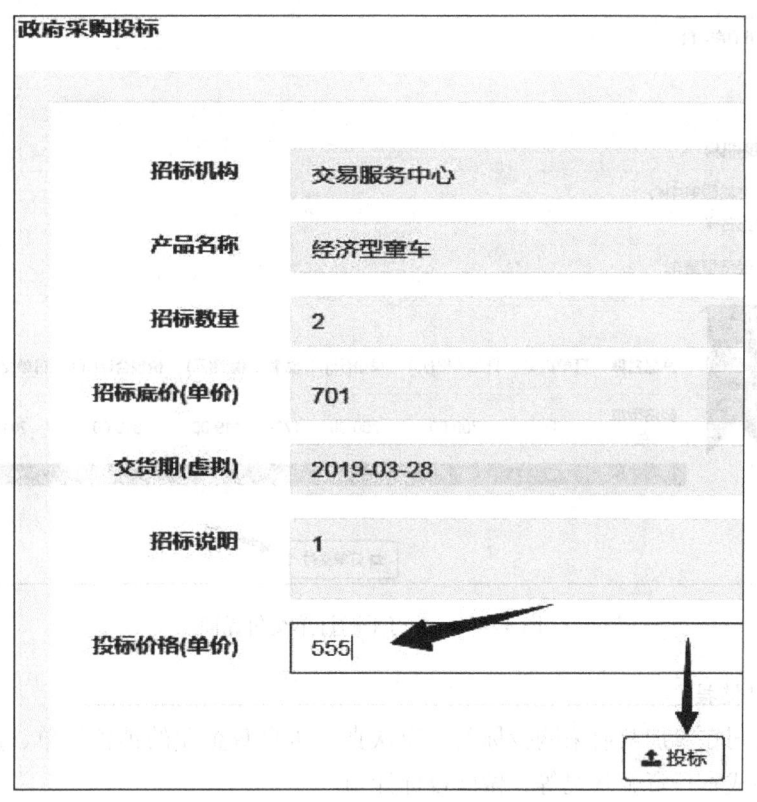

图 3-36 投标操作界面

（2）政府采购订单。

如果制造公司在政府采购中中标，则可点击【销售管理】下拉菜单中的【政府采购订单】，点击【订单交付】，如图 3-37 所示。如成品库存满足订单需求，点击【订单交付】按钮，如图 3-38 所示，可进行订单交付操作。

□	编号	采购机构	产品名称	订单数量	订单单价	交货期(虚拟)	状态	实训时间(虚拟)	创建时间	操作
□	21	交易服务中心	经济型童车	1	700.00	2019-03-28	✘未交付	2019-03-02	2018-01-27 10:06:54	订单交付
□	22	交易服务中心	经济型童车	1	699.00	2019-09-28	✘未交付	2019-07-02	2018-01-31 11:17:44	订单交付

图 3-37 政府采购订单界面

图 3-38 政府采购订单交付界面

3. 知识链接

制造公司在参加政府采购投标前，应认真分析自身企业的销售订单、产成品库存、产能、产品成本、资金状况等，做好投标计划。

项目四　仓储管理

一、库存出库

1. 工作描述

库存出库，是指根据仓库出库凭证将所需物资发放到需用单位的各种业务活动。

2. 工作指引

在系统平台中，库存出库包括 3 个模块：成品出库、成品出库情况、原材料出库情况。

点击【仓储管理】下拉菜单中的【库存出库】，可在弹出页面的左边看到成品出库、成品出库情况、原材料出库情况等二级菜单。

（1）成品出库。

如果制造公司需要交货给商贸企业或政府，首先点击【销售管理】中的【订单交付】，点击【订单交付】后，再到库存管理中的库存出库进行出库操作，填写物流订单，然后物流公司进行货物揽收、货物发运。

点击库存出库页面左边的【成品出库】，可以在该页面进行成品出库操作。同时还可以通过【产品】和【订单时间】查询出库信息，包括采购机构、产品名称、订单数量、订单价格、交付状态等信息,如图 3-39 所示。

图 3-39 成品出库

点击产品名称可查看合同信息。

(2) 成品出库情况。

点击页面左边【成品出库情况】,可以通过【产品】和【出库时间】查询成品出库情况,包括出库数量、出库单价等,如图 3-40 所示。

图 3-40 成品出库情况

(3) 原材料出库情况。

点击页面左边【原材料出库情况】,可以通过【原材料】和【出库时间】查询原材料出库情况,包括出库数量、出库单价等,如图 3-41 所示。

图 3-41 原材料出库情况

3. 知识链接

产品出库业务，是仓库根据业务部门或存货单位开出的产品出库凭证（提货单、调拨），按其所列产品编号、名称、规格、型号、数量等项目，组织产品出库的一系列工作的总称。出库发放的主要任务是：必须准确、及时、保质保量地将所需产品发给收货单位，包装必须完整、牢固，标记正确清楚，核对必须仔细。

原材料出库是指根据仓库出库凭证，将所需原材料发放到需用单位的各种业务活动。原材料出库是物资储存阶段的结束，是储运业务流程的最后阶段，标志着原材料实体转移到生产领域的开始。它是凭据专业公司（货主）开列的原材料出库凭证，通过审单、查账、发货、交接、复合、记账等一系列作业，把储存原材料点交给用户或代运部门的业务过程。

当进行出库业务时，需线下填制销售出库单和材料出库单。

二、库存入库

1. 工作描述

库存入库管理包括：入库单数据处理、条码打印及管理、货物装盘及托盘数据登录注记（录入）、货位分配及入库指令的发出、Double In 的货位重新分配、入库成功确认、入库单据打印。

2. 工作指引

库存入库在系统平台中包括2个模块：成品入库、原材料入库。

点击工作界面【仓储管理】下拉菜单中的【库存入库】，可查询成品、原材料入库信息。在成品入库页面，可根据产品名称、入库时间查询成品库存信息，如图3－42所示。

图3－42　成品入库

在原材料入库页面，可根据原材料名称、入库时间查询原材料库存信息，如图3－43所示。

图 3-43　原材料入库

3. 知识链接

产品生产完工后，经过质量和数量验收后，需线下填制生产入库单，由产品检查人员或保管员在商品入库单上盖章签收。仓库留存产品入库保管联，并注明产品存放的库房、货位，以便统计、记账。

三、库存台账

1. 工作描述

库存台账反映的是某一会计期间或某一时段物料的收发存情况。利用库存台账，可以掌握产品和原材料在一定时间内的期初库存情况、期间入库情况、期间出库情况、期末库存情况；还可以掌握现有成品和原材料的数量和单价等信息。

2. 工作指引

在系统平台中，库存台账包括 2 个模块：成品库存台账和原材料库存台账。

点击【仓储管理】下拉菜单中的【库存台账】，可以查询成品和原材料库存台账，如图 3-44 所示。

图 3-44　库存台账界面

点击【成品】，可查看成品信息，包括产品名称、库存数量、成本单价。点击【库存台账】后，可选择期初时间、期末时间来生成台账，如图 3-45 所示。

图 3-45　成品库存台账查询

点击【原材料】，可查看原材料信息，包括原材料名称、库存数量、成本单价。点击【库存台账】后，可选择期初时间、期末时间来生成台账，如图 3-46 所示。

图 3-46　原材料库存台账查询

3. 知识链接

现存量和库存台账不一致，可能有如下原因：

（1）现存量未整理。对应措施为先整理一下看看结果如何。

（2）库存台账的出入库对单据进行了设定，如：审核单据后才对库存台账进行处理，可在库存管理中设置之选项中查看一下。

（3）对操作员的权限进行了设定，因此，在库存台账中其无权看到的操作员所录入的单据无法体现在库存台账中。

具体情况可以查查明细账与现存量的差异，可从多方面去核对，如：查询库存台账、明细账、出入库汇总表等。

模块四
商贸公司运营

在虚拟商业环境综合实训平台中,商贸公司成员登录进入商贸公司首页,如图4-1所示。左上角为操作人员的姓名、部门和职位,正中上方为虚拟时间,右上角为公共菜单栏和退出菜单,右下角为操作菜单;蓝色菜单表示本岗位具有该菜单的操作权限,灰色菜单表示本岗位没有该菜单的操作权限。

图4-1 商贸公司首页

在图4-1中,把光标指向蓝色的菜单,可以查阅每个菜单的功能,点击任意蓝色的菜单跳转到工作界面,如图4-2所示。

图4-2 商贸公司工作界面

在虚拟商业环境综合实训平台中,商贸公司各部门的功能模块和职责对照如表4-1所示。

表4-1 商贸公司各部门的功能模块和职责对照

部门	角色	功能模块		规则说明
		一级菜单	二级菜单	
销售部门	销售主管	成品竞单	市场调研	发起市场调研
			竞单方案	制作竞单方案
			成品订单	成品订单获得情况
		成品交易会	参加成品交易会	参加成品交易会
			签约登记情况	查看签约登记情况
		销售管理	市场开拓	市场开拓页面
			销售订单	订单销售情况接收、查看
			订单交付	订单交付
采购部门	采购主管	采购管理	采购订单	采购订单发布、查看
			采购到货	采购订单入库操作
			固定资产采购	固定资产采购
人事部门	人事主管	人事管理	档案管理	查看企业员工档案
			薪资社保	薪资社保结算(需计算填写数据,可购买数据)
			人员招聘	人员招聘
仓储部门	仓储主管	仓储服务	仓库租赁	原材料仓库租赁
			库存入库	查看库存入库情况
			库存出库	查看库存出库情况
			库存台账	查看库存情况
财务部门	财务主管	财务管理	应收款管理	应收款项查询
			应付款管理	应付款项查询
			发票管理	发票情况查询
			银行贷款	银行贷款业务办理
			工资发放	审核发放工资
			营业费用	营业费用结算
			纳税申报	企业纳税申报
			资产管理	资产状况查询及资产折旧
			财务报表	资产负债表、利润表及成本核算表

人事管理与财务管理业务请参考第三篇之《模块十二　人事管理》《模块十三　财务管理》。

项目一　市场调研与订单获取

商贸公司首先要了解市场行情，根据市场行情制定竞单方案并提交交易中心，获取相应订单。

一、市场调研

1. 工作描述

商贸公司根据每年当前季度进行市场调研，可获得某种成品在某个价格、某个市场的需求量情况。市场调研为可选项，可选择调研，也可选择不做市场调研，获得需求数据为竞单方案参考数据。市场调研可进行多次，每次调研费用为 2 000 元 。

2. 工作指引

（1）点击【成品竞单】中的【市场调研】，进入调研界面，如图 4 - 3 所示。

图 4 - 3　市场调研界面

（2）点击图 4 - 3 左上角【调研】按钮，进入页面，如图 4 - 4 所示。

图 4 - 4　市场调研界面

（3）点击图 4 - 4 左侧【新增】按钮后，输入需要调研的产品、市场、价格、广告，点击【调研】按钮执行调研操作，如图 4 - 5 所示。

图 4-5 市场调研界面（一）

（4）调研成功后会显示需求量，如图 4-6 中的右侧所示。

图 4-6 市场调研界面（二）

3．知识链接
（1）市场调研定义。
市场调研是指个人或组织为某一个特定的营销决策问题而进行的收集、记录、整理信息，分析、研究市场的各种状况及其影响因素，并由此得出结论的系统活动的过程。
（2）市场调研的作用。
①通过了解、分析所收集的市场信息，可以避免企业在制订营销策略时发生错误，或可以帮助营销决策者了解当前营销策略以及营销活动的得失，以作适当建议。
②提供正确的市场信息，可以了解市场可能的变化趋势以及消费者的潜在购买动机

和需求,有助于营销者识别最有利可图的市场机会,为企业发展提供新契机。

③有助于了解当前相关行业的发展状况和技术经验,为改进企业的经营活动提供信息。

④通过市场调研所获得的资料,除了可供了解目前市场的情况之外,还可以对市场变化趋势进行预测,从而可以提前作出应变计划和安排,充分地利用市场的变化谋求企业的利益。

二、制定竞单方案

1. 工作描述

商贸公司制定竞单方案是为了获取相应订单,每种产品每个市场只能提交一个竞单方案,竞单方案中可包含不同产品和不同市场的方案。竞单方案支持手动新增信息、支持读取"市场调研方案"信息。竞单方案提交后,由交易中心进行审批,发放产品订单数量。

2. 工作指引

(1) 点击【成品竞单】中的【竞单方案】,如图4-7所示。

图4-7 竞单方案界面

(2) 选择所需的竞单,点击【申请】按钮,进入竞单方案申请页面,如图4-8所示。

图 4-8 竞单方案申请界面

（3）点击【市场调研方案】中的【操作】按钮，可直接将右侧的市场调研数据添加至方案中。添加完成后可以在左侧的【申请方案】下方看到相关信息，如图 4-9 所示。

图 4-9 获取竞单方案界面

（4）可点击左侧【+】按钮，直接添加竞单方案，添加完成后点击【提交】，如图 4-10 所示。

图 4-10　增加竞单方案界面

（5）在申请方案中更改产品的价格、广告费、申请数量后进行【提交】，如图 4-11 所示。

图 4-11　修改竞单方案界面

（6）完成竞单方案，提交后审核前可以点击【修改】按钮进行修改，审核后就不能修改相关信息，如图 4-12 所示。

图 4-12　完成竞单方案界面

3. 知识链接

需求量的多少和产品价格、广告投入费用相关。广告投入高，价格定价偏低，需求量就增加；相反，广告投入低，价格定价偏高，需求量就会减少。

三、市场开拓

1. 工作描述

如果要获取更多的订单就需要开拓市场。根据竞争策略，不同的商贸公司开发的市场不同，会影响该市场的产品销售数量和销售价格。虚拟商业环境有四个市场可以开发：东部市场、西部市场、南部市场和北部市场。商贸公司每个市场需要配备相应的办公室、销售主管、销售员，只有剩余数量满足开拓要求，才可开拓市场。虚拟商贸公司的本部在东部市场的上海，所以该区域默认已经开拓饱和，不需进行开拓。

2. 工作指引

（1）选择未开拓的市场，点击【开拓】按钮进行开拓，如图4-13所示。

图4-13 开拓市场界面

（2）当资产和人员配置剩余数量不足时，需要先进行购买，满足条件后才可开拓市场，如图4-14所示。

图 4-14 资产和人员配置界面

（3）剩余数量满足开拓要求，点击【确定】按钮，开拓市场，如图 4-15 所示。

图 4-15 开拓市场界面

（4）开拓后可以看到市场已经开发，如图 4-16 所示。

图 4-16 查看已经开发的市场界面

3. 知识链接

（1）市场开拓策略的定义。

市场开拓策略是指在微观市场营销学中，商品生产者以什么样的手段和方法打开市场，提高本企业产品的市场占有率。

（2）市场开拓策略的内容：

① 企业如何选定目标市场；

② 企业如何选定为目标市场服务的方向；

③ 企业产品何时、何地、采取何种方式投放市场；

④ 企业产品在市场上保持何种优势；

⑤ 企业采取何种促销手段；

⑥ 企业产品的质量控制在什么程度；

⑦ 企业提供多少售后服务等。

也就是说，在市场营销工作中，除了市场调查、预测以及企业内部生产管理活动外，都可看作市场开拓的内容。

项目二　产品采购与交付

一、参加产品交易会

1. 工作描述

商贸公司需要向制造公司购买成品再销售给交易中心，所以商贸公司、制造公司、交易中心三方都要参加产品交易会。在交易会上，商贸公司和制造公司协商谈判成交产品的数量、价格、运输方式、交货时间等相关事项。

2. 工作指引

（1）点击【成品交易会】中的【参加交易会】按钮参加交易会，每个季度都要参加成品交易会，如图 4 – 17 所示。

图 4 – 17　参加成品交易会

（2）到交易中心进行签约登记后，可点击【交易会标题】，查看签约登记列表信息，如图 4 – 18 所示。

图 4 – 18　查看签约登记

3. 知识链接

在虚拟商业环境中，交易会的供货方和采购方为了达成交易的目的，双方需要进行洽谈。双方在交易会中可以就采购价格、采购数量等问题进行洽谈；双方力求达成一致并签订合同。

二、签订与发布采购订单

1. 工作描述

采购订单是商贸公司与制造公司进行成品交易的依据，商贸公司可根据本公司的运营情况，向制造公司进行成品采购，采购数量、价格为交易双方线下谈判。线下谈判完成后，商贸公司在采购订单模块新增采购订单，并向制造公司发送采购订单。

2. 工作指引

（1）点击【采购管理】的【采购订单】，进入采购页面，如图4-19所示。

□	编号	销售机构	产品名称	订单数量	订单价格	实训时间	订单交货期	接单状态	操作
□	448	河源市瑞光玩具制造有限公司	经济型童车	584	550	2018-10-02	2018-12-28	已接单	
□	449	河源市瑞光玩具制造有限公司	舒适型童车	2485	730	2018-10-02	2018-12-28	已接单	
□	450	河源市瑞光玩具制造有限公司	豪华型童车	6000	970	2018-10-02	2018-12-28	已接单	

图4-19 采购订单界面

（2）点击【新增】，进入成品采购订单合同界面，将订单数量、订单价格进行更改，按照双方协商好的价格和数量填写，最后点击【确定】，如图4-20所示。

图4-20 采购合同签订

(3) 确认后，发送到制造公司等待对方接单，如图 4-21 最后一列所示。

图 4-21 采购合同确认

3. 知识链接

商贸公司在签订合同前，要和制造公司协商好采购数量和采购价格，注意合同签订的相关事宜，以及双方应该承担的责任和义务。签订合同相应内容请查阅模块十二。

三、采购订单产品入库

1. 工作描述

制造公司生产完产品进行交付时，商贸公司要进行产品登记入库，以备后续销售。

2. 工作指引

（1）每个季度结束后可以在【采购管理】中点击【采购到货】，查看采购到货情况，如图 4-22 所示。

图 4-22 采购到货界面

（2）到货产品进行入库，在产品入库前要进行仓库租赁。点击【仓储服务】中的【库存入库】，查看产品入库情况，如图 4-23 所示。

图4-23 产品入库界面

3. 知识链接

企业对采购到货的产品要进行入库处理，入库后要对产品进行盘点，确保产品实际数量与仓库账目的数量保持一致，防止货物丢失。

四、产品交付

1. 工作描述

商贸公司要将成品交付交易中心，完成订单。在向交易中心交付成品时可以让制造公司将产品直接发往相应的市场区域。

2. 工作指引

（1）点击【销售管理】中的【订单交付】，进入订单交付页面，如图4-24所示。

图4-24 订单交付界面

（2）点击【订单交付】，然后点击【确认销售】，如图4-25所示。当库存不足时，将无法进行订单交付。

图 4-25 订单交付界面

（3）点击【销售管理】中的【订单交付】，可以查看销售订单情况，如图 4-26 所示。

图 4-26 销售订单界面

（4）点击【仓储服务】中的【库存出库】，查看产品出库情况，如图 4-27 所示。

图 4-27 查看产品出库界面

（5）点击【仓储服务】中的【库存台账】，可查看存货数量，如图 4-28 所示。

图4-28 库存台账界面

(6) 点击【生成台账】，查看库存情况，如图4-29所示。

图4-29 产品库存界面

3. 知识链接

企业在进行产品销售时首先要进行产品出库，产品出库后进行盘点，以确保产品实际数量和仓库账目数量保持一致，同时完成库存台账。

项目三　固定资产管理

一、固定资产购买

1. 工作描述

商贸公司需要购买固定资产才能进行办公。商贸公司固定资产购买申请提交后，由"交易服务中心"审批通过后，即购买成功。

2. 工作指引

(1) 点击【采购管理】中的【固定资产采购】，进入界面，如图4-30所示。

(2) 点击【购买】按钮，可进入购买申请页面，如图4-31所示。

(3) 点击【新增】按钮，可以看到购买的固定资产，然后点击【提交订单】按钮,如图 4-32 所示。

图 4-30　固定资产采购界面

图 4-31　固定资产采购合同界面

图 4-32　查看采购的固定资产界面

（4）提交订单后等待"交易中心"进行审核，审核通过后显示【已完成】，表示购买成功，如图 4-33 所示。

图 4-33 查看购买情况界面

二、固定资产租赁

1. 工作描述

商贸公司如果需要租赁固定资产，可以提交固定资产租赁申请，由"交易服务中心"审批通过后，即租赁成功。

2. 工作指引

（1）点击【采购管理】中的【固定资产采购】，进入界面，如图 4-34 所示。

图 4-34 固定资产采购界面——租赁

（2）点击【租赁】按钮，进入租赁申请页面，如图 4-35 所示。

（3）单击【新增】按钮，可以看到租赁的资产，点击【提交订单】按钮，如图 4-36 所示。

（4）提交订单后等待"交易中心"进行审核，审核通过后可以看到显示【已审核】，表示租赁成功，如图 4-37 所示。

图 4-35　固定资产租赁合同界面

图 4-36　租赁固定资产界面

图 4-37　租赁成功界面

3. 知识链接

固定资产是指企业为生产商品、提供劳务、出租或经营管理而持有的、使用寿命超过一个会计年度的有形资产。固定资产一般分为生产用固定资产、非生产用固定资产、租出固定资产、未使用固定资产、不需用固定资产、融资租赁固定资产、接受捐赠固定资产等。

三、仓库租赁

1. 工作描述

商贸公司需租赁仓库用于存储成品。仓库租赁申请由"物流公司"进行审批操作。审批通过后,租赁方可使用仓库。审批之前,仓库租赁方可删除、修改租赁信息。

2. 工作指引

(1) 点击【仓储服务】中的【仓库租赁】,如图 4-38 所示。

图 4-38 仓库租赁界面

(2) 点击【新增】按钮,可新增仓库租赁申请,对仓库名称命名,再点击【确定】,将仓库租赁申请发送给物流公司,等待物流公司审核,如图 4-39 所示。

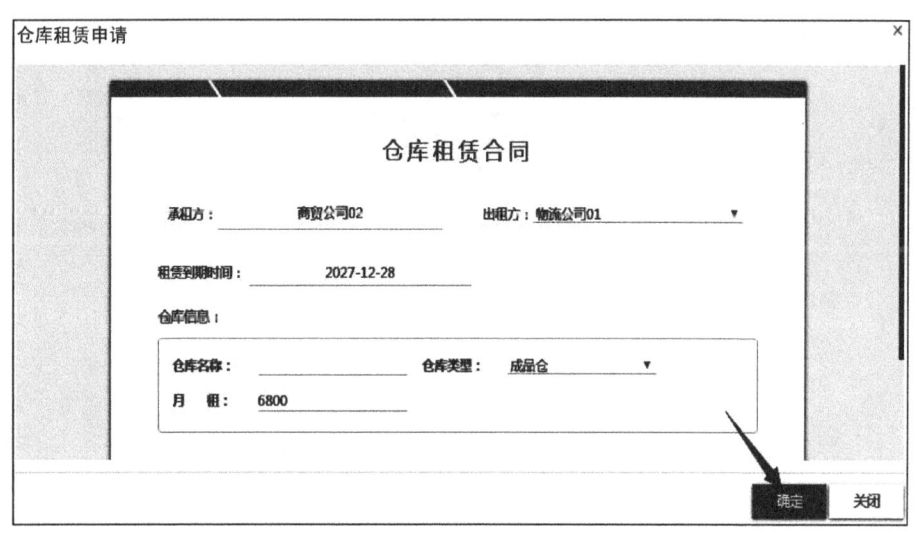

图 4-39 仓库租赁申请界面

(3) 仓库租赁申请提交后等待物流公司进行审核,可以继续新增仓库或删除仓库,如图 4-40 所示。

编号	仓库名称	仓库类型	出租机构	申请时间（虚拟）	租赁到期时间（虚拟）	创建时间	审核状态	操作
25	11	成品仓	物流公司01	2018-01-02	2018-12-28	2018-03-09 13:33:35	⊘未审核	✖删除

图 4-40 仓库新增或删除界面

3. 知识链接

租赁是指在约定的期间内，出租人将资产使用权让与承租人，以获取租金的行为。

模块五
供应商运营

在虚拟商业环境综合实训平台中,供应商成员登录供应商首页,如图5-1所示。左上角为操作人员的姓名、部门和职位,正中上方为虚拟时间,右上角为公共菜单栏和退出菜单,右下角为操作菜单;蓝色菜单表示本岗位具有该菜单的操作权限,灰色菜单表示本岗位没有该菜单的操作权限。

图5-1 供应商首页

在图5-1中,把光标指向右下角的蓝色菜单,可以查阅每个菜单的功能,点击任意蓝色的菜单跳转到工作界面,如图5-2所示。

图5-2 供应商工作界面

在虚拟商业环境仿真平台，供应商各部门的功能模块和职责对照如表 5-1 所示。

表 5-1 供应商的功能模块和职责对照

部门	操作角色	功能模块		职责说明
		一级菜单	二级菜单	
人力资源部	人力资源经理	人事管理	档案管理	查看企业员工档案
			薪资社保	结算员工薪资、社保
			人员招聘	进行人员招聘
财务部	财务经理	财务管理	应收款管理	查看企业应收款记录
			应付款管理	查看企业应付款记录，含审核付款（实训配置为审核付款模式时）
			发票管理	查看企业交易生成的发票
			银行贷款	企业贷款业务办理
			工资发放	员工工资审核发放
			营业费用	结算企业营业费用
			纳税申报	企业纳税申报
			资产管理	查看企业资产状况；进行资产折旧
			财务报表	填写资产负债表、利润表、成本费用核算表
	出纳	财务管理	资金管理	操作权限参考财务经理
销售部	销售经理	原材料交易会	参加交易会	企业参加原材料交易会
			订单签约登记	企业进行原材料订单签约登记
		销售管理	销售订单	接收制造公司原材料采购订单，查看合同情况
			订单交付	销售订单交付
采购与仓储部	采购与仓储经理	原材料竞单	竞单方案	企业填写原材料竞单方案申请
			原材料订单	企业获取原材料订单
		采购管理	采购订单	查看竞单获得的原材料订单并查看合同情况
			采购到货	原材料采购到货入库操作
			固定资产采购	固定资产采购提交及合同查看

续上表

部门	操作角色	功能模块		职责说明
		一级菜单	二级菜单	
采购与仓储部	采购与仓储经理	仓储管理	仓库租赁	租用原材料仓库
			库存出库	查看原材料库存出库情况
			库存入库	查看原材料库存入库情况
			库存台账	查看库存情况并生成台账
其他	总经理	全部		总经理可操作所有模块功能

人事管理与财务管理业务请参考第三篇之《模块十二 人事管理》《模块十三 财务管理》。

项目一 采购管理

一、原材料竞单

1. 工作描述

供应商每个季度通过向交易服务中心提交原材料的报价和数量，获得原材料的订货单。

2. 工作指引

（1）申请竞单。

在工作界面点击菜单【原材料竞单】的下拉菜单【竞单方案】，弹出竞单对话框。如果左侧竞单标题没有当前季度的竞单栏，说明交易服务中心还没有发起原材料竞单；如果交易服务中心发起了当前季度的原材料竞单，供应商采购与仓储部经理可以在左侧选中当期季度的竞单栏，并点击中间的【申请】按钮，如图5-3所示。

图5-3 申请竞单

（2）提交竞单方案。

点击左上角的【添加方案】，可以增加多行竞单方案，根据对各原材料的需求数量填写不同价格和申请数量。如果填写错误可以进行修改或删除，填写完成后可以点击下面的【保存】或【提交】按钮，如图5-4所示。只有点击【提交】，竞单方案才会发送到交易服务中心进行审批并确定采购订单数量，审批之前供应公司可修改竞单方案。每个季度只能提交一个竞单方案。

图5-4　提交竞单方案

提交竞单方案后，可以在右侧操作栏点击【详情】按钮，查看竞单的详细情况，如图5-5所示。

图5-5　查看竞单详情

（3）查看原材料订单。

在工作界面，点击菜单【原材料竞单】的下拉菜单【原材料订单】，或者点击【采购管理】的下拉菜单【采购订单】，均可查看交易服务中心审批通过的原材料采购订单，如图5-6所示。

图5-6　查看原材料订单

3. 知识链接

虚拟商业环境的原材料供给符合经济规律的供给价格弹性，定价低获得原材料订单的数量就少，定价高获得原材料订单的数量就多，所以供应商获得的订单数量与竞单方案中的数量不一定相等，但最多不会超过申请的数量。学员可以根据已经学习过的供给价格弹性原理和会计知识，结合市场的未来需求调研，运用本量利分析法得出最佳的定价和采购数量。

提交原材料竞单方案还要注意查看规则的产品 BOM，特别注意每辆车的车轮需求是 4 个。原材料采购、入库和运输到制造公司需要一定的时间，在与制造公司谈判时要提醒他们计算好采购提前期。

二、原材料采购管理

1. 工作描述

获得原材料采购订单后，交易服务中心进行发货处理，供应商需要进行采购入库操作。供应商需要有原材料仓库存储原材料，原材料仓库可在仓储服务中的仓库租赁模块进行租赁。

2. 工作指引

（1）入库作业。

在确保已经租赁原材料仓库的前提下，在工作界面点击【采购管理】的下拉菜单【采购到货】，可进入到货入库页面，如图 5-7 所示。

图 5-7 确认到货

选择当前的竞单标题，点击右侧操作栏的【确认到货】，弹出对话框如图 5-8 所示。在下拉框选择入库仓库，点击【确认入库】按钮，即可入库成功。

（2）查看季度入库详情。

在【确认到货】弹出框的左侧选择需要查看的季度，如果订单列表的入库状态显示【已入库】，则可以在右侧操作栏点击【详情】按钮，可以查看入库的详细信息，如图 5-9 所示。

图 5-8 入库操作

图 5-9 查看季度入库详情

3. 知识链接

采购原材料一般需要进行验收入库操作，新入库的原材料往往与库存原材料的单价不同，核算方法通常包括个别计价、先进先出、加权平均法等。在虚拟商业环境中，每次原材料入库采用加权平均法进行核算。

项目二　销售管理

一、参加原材料交易会

1. 工作描述

供应商参加原材料交易会，与制造公司商洽达成交易协议，把库存的原材料销售给制造公司，并获得利润。

2. 工作指引

（1）参加交易会。

在工作界面，点击【原材料交易会】的下拉菜单【参加交易会】，弹出对话框，选择当前季度的交易会标题，点击中间下方的【参加交易会】按钮，确定后，显示【已参加】，如 5-10 所示。

图 5-10　参加交易会

（2）订单签约登记。

在原材料交易会中，线下签订了原材料购销合同，双方为了确保权益，可以到交易服务中心进行原材料签约登记。签约登记为记录订单情况，以便将来发生合同纠纷时能够及时处理，不影响双方实际交易业务。点击【原材料交易会】的下拉菜单【订单签约情况】，可以查看已经在交易服务中心备案的原材料购销合同，如图 5-11 所示。

图 5-11　订单签约

3. 知识链接

交易服务中心创建原材料交易会后，供应商和制造公司才可参加交易会。只有报名参加原材料交易会后，才能与制造公司签订原材料购销合同。在交易会谈判达成协议后，购销双方线下签订原材料购销合同。

二、销售订单

1. 工作描述

制造公司与供应商在交易会进行线下谈判后,签订书面的原材料购销合同。交易会结束后,根据原材料购销合同,制造公司向供应商发起采购订单,供应商需在销售管理中的销售订单模块进行接单操作,确定订单的数量、价格和交货期,并作为原材料购销活动的主要依据。

2. 工作指引

在工作界面点击【销售管理】的下拉菜单【销售订单】,弹出订单列表。已经确定的订单在接单状态栏显示【已接单】,未确定的订单状态栏显示【未接单】,如图5-12所示。可以点击右侧的【接单】按钮,弹出原材料订单合同,核对无误后,点击【确定】按钮,提示"接单成功"。

编号	采购机构	产品名称	订单数量	订单价格	实训时间	订单交货期	接单状态	操作
170	制造公司03	车身	2000	160	2018-01-02	2018-03-28	已接单	
172	制造公司03	车轮	2000	10	2018-01-02	2018-03-28	已接单	
174	制造公司03	电机	2000	50	2018-01-02	2018-03-28	已接单	
176	制造公司03	电池	2000	50	2018-01-02	2018-03-28	已接单	
178	制造公司03	电源适配器	2000	50	2018-01-02	2018-03-28	已接单	
180	制造公司01	车身	1000	120	2018-04-02	2018-06-28	未接单	接单

图 5-12 销售接单

3. 知识链接

供应商要根据原材料库存情况,确定订单上的产品名称、价格、数量和交货期等信息,如果与交易会签订的原材料购销合同不一致,应尽快联系制造公司修改订单合同,确定接单后,将严格按照双方确定的销售订单执行。

三、订单交付

1. 工作描述

订单交付就是把合格的原材料或产品按照订单约定的数量和时间交付给客户。

2. 工作指引

如果供应商的原材料库存能够满足制造公司的采购订单时,点击【销售管理】的下拉菜单【订单交付】,进行销售订单的交付,如图5-13所示。点击【订单交付】后可交付给物流公司进行发货运输。

图 5-13 订单交付

3. 知识链接

"以客户为中心"将是企业的战略导向，企业供应链将不遗余力地满足客户对企业的交付要求，而其中最重要的一点，就是能否在需要的时间将客户需要的产品或服务交付给客户。

项目三　仓储管理

一、仓库租赁

1. 工作描述

仓储管理是对仓储货物的收发、结存等活动的有效控制，其目的是为企业保证仓储货物的完好无损，确保生产经营活动的正常进行。

2. 工作指引

（1）仓库租赁。

为了做好仓储管理工作，供应商首先应该租赁仓库。在工作界面点击【仓储服务】的下拉菜单【仓库租赁】，弹出框如图 5-14 所示。点击【新增】按钮，弹出仓库租赁合同，确认无误后，点击【确定】，可新增仓库租赁申请，如图 5-15 所示。在承租方审核同意之前，供应商可删除、修改租赁信息。

图 5-14 新增仓库租赁

图 5-15 仓库租赁合同

3. 知识链接

仓库由贮存物品的库房、运输传送设施、出入库房的输送管道和设备以及消防设施、管理用房等组成。根据货物特性，仓库一般分为以下几种：

（1）原材料仓库：用来储存生产所用的原材料，这类仓库一般比较大。

（2）产品仓库：其作用是存放已经完成的产品，但这些产品还没有进入流通领域，这种仓库一般附属于产品生产工厂。

（3）冷藏仓库：用来储藏那些需要进行冷藏储存的货物，一般是农副产品、药品等对于储存温度有要求的物品。

（4）恒温仓库：恒温仓库和冷藏仓库一样也是用来储存对于储藏温度有要求的产品。

（5）危险品仓库：用于储存危险品。

二、库存出库

1. 工作描述

库存出库是仓库根据业务部门或存货单位开出的商品出库凭证（提货单、送货单），按其所列商品编号、名称、规格、型号、数量等项目，组织商品出库等一系列工作的总称。

2. 工作指引

在工作界面点击【仓储服务】下拉菜单的【库存出库】，弹出框如图 5-16 所示，出库时点击【填写物流单】，通过物流公司将原材料发运到制造公司。在左侧点击【原材料出库情况】，点击【查询】，可以查看原材料出库的详细情况，可以选择不同的时间段进行查询。

图 5-16 库存出库

3. 知识链接

不同仓库在商品出库的操作程序上会有所不同，但就整个发货作业的过程而言，一般是跟随着商品在库内的流向，或出库单的流转而构成各工种的衔接。出库程序包括核单备料→复核→包装→点交→登账→现场和档案的清理。

三、查询仓储信息

1. 工作描述

供应商应及时查询仓储信息，为原材料的采购和销售工作提供决策支持。

2. 工作指引

（1）查询入库信息。

在工作界面，点击【仓储服务】的下拉菜单【库存入库】，可查询库存入库信息，如图 5-17 所示。选择仓库并点击右侧【查看】按钮，弹出入库信息查询框，如图 5-18 所示，选择存货名称和入库的时间段，可以查询不同时间段的入库信息。

图 5-17 选择仓库查看

图 5-18 查询入库信息

(2) 查看库存台账。

在工作界面，点击【仓储服务】的下拉菜单【库存台账】，弹出即时库存信息，如图 5-19 所示。点击左上角的【库存台账】按钮，弹出查询库存详细信息对话框，如图 5-20 所示。可以选择不同的仓库、时段来生成详细库存台账，包括期初库存信息、期间入库信息、期间出库信息和期末库存信息等。

图 5-19　进入库存台账界面

图 5-20　生成库存台账

3. 知识链接

即时库存信息和库存台账是两张反映不同实质内容的报表。即时库存反映的是系统当前时刻的即时库存状况；而库存台账反映的是某一会计期间或某一时段物料的收发存情况，库存台账受报表查询过滤条件设置的影响。

模块六
行政服务中心运营

在虚拟商业环境综合实训平台中,行政服务中心成员登录行政服务中心首页,如图6-1所示。左上角为操作人员的姓名、部门和职位,正中上方为虚拟时间,右上角为公共菜单栏和退出菜单,右下角为操作菜单;蓝色菜单表示本岗位具有该菜单的操作权限,灰色菜单表示本岗位没有该菜单的操作权限。

图6-1 行政服务中心首页

在图6-1中,把光标指向右下角蓝色的菜单,可以查阅每个菜单的功能,点击任意蓝色菜单跳转到工作界面,如图6-2所示。

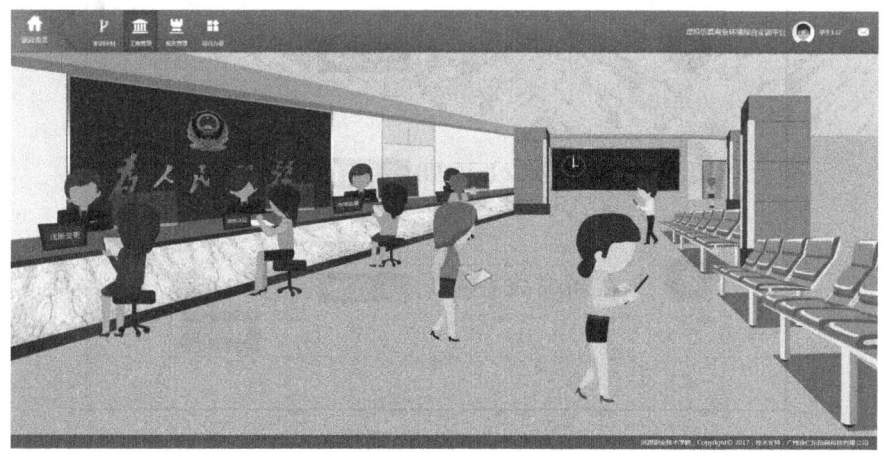

图6-2 行政服务中心工作界面

在虚拟商业环境综合平台中，行政服务中心各部门的功能模块和职责对照如表 6-1 所示。

表 6-1 行政服务中心各部门的功能模块和职责对照

操作部门	操作角色	功能模块	规则说明
工商局	工商局科员	注册变更	企业开业注册业务审核
		资质认证	产品研发资质认证
		市场监管	针对签约登记的违约订单进行处理
税务局	税务局科员	税务登记	企业开业税务登记审核
		税务服务	查看企业税务申报情况
		税务稽查	对企业税务违法行为进行处罚和公布
综合局	综合局科员	社会保障	查看企业社保及公积金的缴纳情况
		代收费用	查看企业代收款项情况
		纠纷处理	经济纠纷处理（可自定义纠纷双方以及赔偿金额）
实训控制	中心主任	控制实训进程	可查看所有部门任务完成情况，根据任务完成情况控制实训的进程，可下发通知提醒各个企业组织积极完成实训任务

其中，行政服务中心主任负责实训控制工作。点击工作界面【实训控制】菜单，弹出控制界面，左侧为实训进程的时间节点，如图 6-3 所示，右侧为各组织实训任务

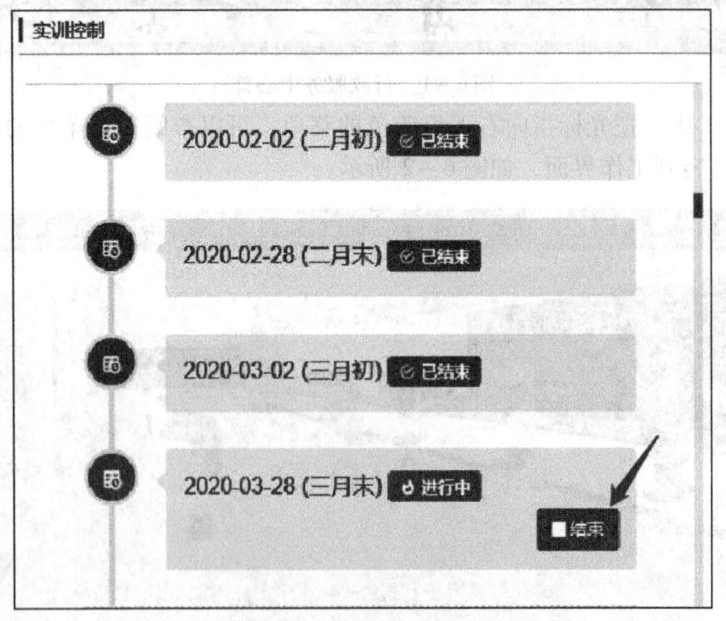

图 6-3 实训控制界面

完成的情况，如图6-4所示。行政服务中心主任可根据任务完成情况，向所有公司组织下发通知，告知相关组织结束当前任务的时间节点和计划安排，并按照实训进程的进度安排，点击左侧时间节点的【结束】按钮，提示"确定结束当前时间吗"，点击【确定】，则跳转到下一时间节点。

图6-4 各组织任务完成情况

项目一 工商行政管理部门运营

一、注册变更

1. 工作描述

经营性组织向行政服务中心——工商行政管理部门申请公司注册，工商行政管理部门审核并发放营业执照。

2. 工作指引

在行政服务中心的工作界面，把光标移到左上角的【工商管理】，显示二级菜单，点击其下拉菜单【注册变更】，弹出各组织的注册情况表，如图6-5所示。

在图6-5中，可在右上角的搜索框中输入公司类型进行查询。

（1）注册变更栏显示【已注册】的组织，可以在操作栏点击【查看执照】，查阅该组织的营业执照。

（2）注册变更栏显示【未注册】，操作栏显示【注册变更】的组织，可以等待该组织提交注册申请后再进行审核，或直接点击【注册变更】，根据组织的名称预核准登记表和其他信息直接进行注册登记并审核，审核通过后，发放营业执照。

编号	机构名称	机构类型	统一信用代码	法定代表	注册变更	税务登记	操作
579	制造公司01	制造公司	914400001366371200	学生9	已注册	已登记	已注册 查看执照
580	制造公司02	制造公司	914400000333523200	学生13	已注册	已登记	已注册 查看执照
581	制造公司03	制造公司	914400001580395600	学生17	已注册	已登记	已注册 查看执照
582	制造公司04	制造公司	914400002062531100	学生8	未注册	未登记	审核
583	制造公司05	制造公司	—		未注册	未登记	注册变更

图6-5 组织注册信息

（3）注册变更栏显示【未注册】，操作栏显示审核的组织，表示该组织已经提交注册申请，审查通过的，点击【审核】，系统提示注册成功。

3. 知识链接

工商注册要求各组织先填写和提交书面的《企业名称预先核准申请书》，在审核企业名称时，公司名称应该符合《中华人民共和国公司法》《企业名称登记管理规定》和《企业名称登记管理实施办法》等相关法律和政策文件。

二、资质认证

1. 工作描述

在虚拟商业环境中，由工商行政管理部门负责审核制造公司的生产资质。

2. 工作指引

在工作界面，点击左上角的【工商管理】的下拉菜单【资质认证】，可查询公司研发信息，如图6-6所示。对于已研发完成的产品，可进行认证操作。

编号	研发公司	产品名称	规格型号	净重	研发开始时间（虚拟）	研发结束时间（虚拟）	研发情况	认证情况	操作
18	制造公司01	豪华型童车	130*70*50	14.3kg	2019-10-02	2019-12-02	研发完成	待认证	认证
17	制造公司01	舒适型童车	130*70*50	13.3kg	2018-11-02	2018-12-02	研发完成	待认证	认证

图6-6 资质认证

3. 知识链接

制造公司只能生产已经获得生产资质的产品，工商行政管理部门要加强监管，完成产品研发的制造公司才给予生产资质的认证。

三、市场监管

1. 工作描述

工商行政管理部门是市场交易活动的监督管理机关，主要负责维护市场秩序，严格查处不正常竞争、市场垄断、市场欺诈等违法违纪的行为，负责处理投诉与合同纠纷。

2. 工作指引

在工作界面，点击左上角【工商管理】的下拉菜单【市场监管】，可查询相关信息，如图6-7所示。

图6-7 市场监管

在市场监管界面，点击【新增】按钮，选择受罚企业，根据违法或违约情况，生成罚单，根据罚单情况对企业进行罚款，如图6-8所示。

图6-8 生成罚单

3. 知识链接

该任务要求学员认真学习《中华人民共和国反不正当竞争法》《中华人民共和国合

同法》等知识，创造性地开展工作，处理和解决虚拟商业环境的市场中发生的不规范经营行为，正确履行工商行政管理部门的职责。

项目二 税务部门运营

一、税务登记

1. 工作描述

税务登记是税务机关依据税法规定，对纳税人的生产、经营活动进行登记管理的一项法定制度，也是纳税人依法履行纳税义务的法定手续。

2. 工作指引

在工作界面，点击左上角【税务管理】的下拉菜单【税务登记】，可查询组织的注册和税务登记信息，如图6-9所示。对于未完成注册的组织，无法进行税务登记；如组织已经完成注册，并提交了税务登记申请，可以点击右侧操作栏的【审核】按钮，弹出对话框，点击【保存】按钮，完成税务登记；对于已经完成税务登记的组织，可以点击【已登记】按钮，对已经登记的信息进行修改。

图6-9 税务登记

3. 知识链接

税务登记是整个税收征收管理的起点。税务登记种类包括：开业登记，变更登记，停业、复业登记，注销登记，外出经营报验登记，纳税人税种登记，扣缴税款登记等。

二、税务申报服务

1. 工作描述

纳税申报是指纳税人按照税法规定的期限和内容向税务机关提交有关纳税事项书面报告的法律行为，是纳税人履行纳税义务、承担法律责任的主要依据，是税务机关税收管理信息的主要来源和税务管理的一项重要制度。

2. 工作指引

在工作界面，点击左上角【税务管理】的下拉菜单【纳税服务】，可查询组织的纳税申报信息，如图6-10所示。对于未审核的项目，可以点击右侧操作栏的【审核】按钮，审查企业纳税申报信息，如果无误，点击【审核】按钮。对于审核通过的项目，可以点击右侧操作栏的【查看】按钮，查看申报具体信息。可以选择组织和时间进行搜索查询。

图6-10 纳税申报服务

3. 知识链接

纳税人的纳税申报或者代扣代缴、代收代缴税款报告表的主要内容包括：税种、税目、应纳税项目或者应代扣代缴/代收代缴税款项目、适用税率或者单位税额、计税依据、扣除项目及标准、应纳税额或者应代扣代缴/代收代缴税额、税款所属期限等。

在虚拟商业环境中，主要需要申报增值税、企业所得税和代缴个人所得税等。在现实中，增值税和个人所得税是按月申报的，企业所得税可以按月或按季度申报；在虚拟商业环境中，简化为按照季度进行税务申报工作。

三、税务稽查

1. 工作描述

税务稽查是税收征收管理工作的重要步骤和环节，是税务机关代表国家依法对纳税人的纳税情况进行检查监督的一种形式。

2. 工作指引

在工作界面，点击左上角的【税务管理】下拉菜单【税务稽查】，可对纳税人的违法行为进行处罚，如图6-11所示。如果在线下稽查发现纳税人有违法行为，可点击左侧的【新增】按钮，弹出处罚对话框，选择受罚企业，填写处罚金额，确认无误后，点击【生成罚单】，如图6-12所示。对已经生成的罚单项目可以进行撤回、查看等操作。

图6-11 税务稽查

图6-12 生成罚单

3. 知识链接

税务稽查的依据是各种具有法律效力的税收法律、法规及各种政策规定。具体包括日常稽查、专项稽查和专案稽查。

税务稽查的范围包括税务法律、法规、制度等的贯彻执行情况，纳税人生产经营活动及税务活动的合法性，偷、逃、抗、骗、漏税及滞纳情况。

在虚拟商业环境中，税务管理机关可以自行组织税务稽查工作，也可以委托会计师事务所协助税务稽查工作。

项目三 综合管理部门运营

一、社会保障

1. 工作描述

在虚拟商业环境中，社保金和住房公积金由综合管理局代为征收。在现实中，社保金是由人力资源与社会保障局负责征收的，住房公积金是由住房资金管理中心负责征收的。

2. 工作指引

在工作界面，点击左上角的【综合办事】的下拉菜单【社会保障】，按时间进度弹出社会保障信息，如图6-13所示。选择对应月份，点击右侧操作栏【查看】按钮，可以查看各组织缴纳社保资金的情况，如图6-14所示。

图6-13 社会保障总览

图6-14 查看社会保障详情

3. 知识链接

社保资金是社会劳动保障资金的简称，也简称为"社保金"，是由国家和地方社会劳动保障局统筹的，通过国家、地方、单位集体和个人多渠道筹集的资金，主要用于参与社保的劳动者的社会保障和社会福利，是为参保人员的未来生活提供最基本保障的"养老金"和未来生命意外抢救或医治的"救命钱"。

住房公积金是指国家机关、国有企业、城镇集体企业、外商投资企业、城镇私营企业及其他城镇企事业单位、民办非企业单位、社会团体及其在职职工缴存的长期住房储金。

二、代收费用

1. 工作描述

在虚拟商业环境中，政府综合服务部门代理收取某些公共服务部门的费用。

2. 工作指引

在工作界面，点击左上角【综合办事】的下拉菜单【代收费用】，弹出代收费用信息，如图6-15所示，可以点击下拉框选择【缴费企业】【缴费月份】查询代收费用信息。

图 6-15 代收费用信息

3. 知识链接

在虚拟商业环境中，由行政服务中心综合部门来代表社会公共服务部门。

三、考勤登记

1. 工作描述

综合部门负责实训过程中的学员考勤工作。

2. 工作指引

在工作界面，点击左上角的【综合办事】的下拉菜单【考勤登记】，每个季度的考勤列表如图 6-16 所示，在考核登记模块中，点击【导入】按钮可将学生季度考勤表导入系统，如图 6-17 所示，点击【选择文件】，再点击【数据导入】。考勤表模板可点击【导入】按钮后，在系统中下载。

图 6-16 考勤列表

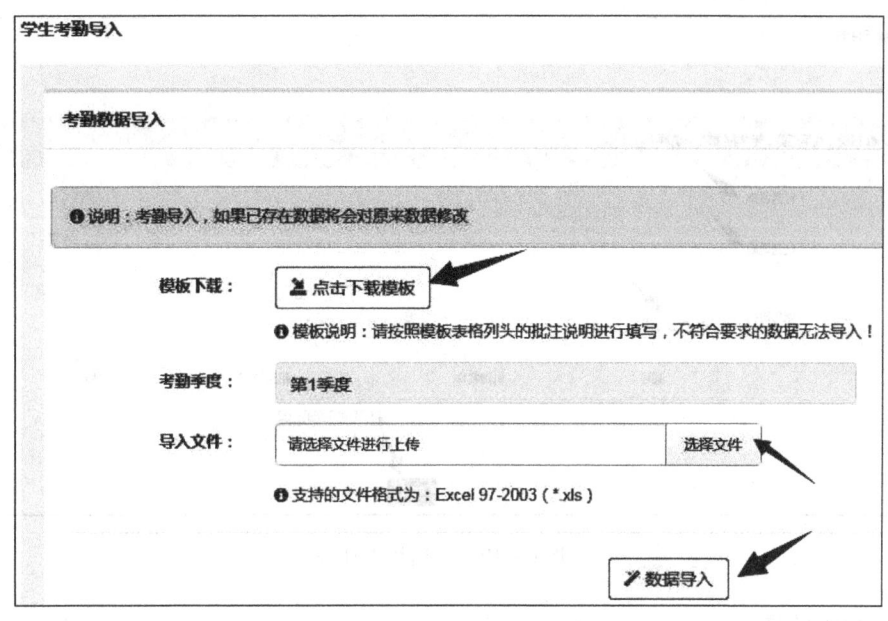

图 6-17 导入考勤数据

3. 知识链接

导入的考勤表一定要按照系统下载的考勤表进行填写，包括学号、姓名、迟到或早退次数、迟到或早退分钟数、请假次数和旷课节数等信息。系统会根据一定的规则计算个人成绩。

四、线下任务布置

1. 工作描述

在虚拟商业环境中，综合局可以给各组织布置线下任务。

2. 工作指引

在工作界面，点击左上角的【综合办事】的下拉菜单【线下任务】，弹出框如图 6-18 所示。点击左上角的【新增】按钮，可向指定组织发布线下任务，如图 6-19 所示。填写任务名称、任务说明，选择参与组织后，点击【保存】按钮，生成线下任务。

图 6-18 线下任务布置

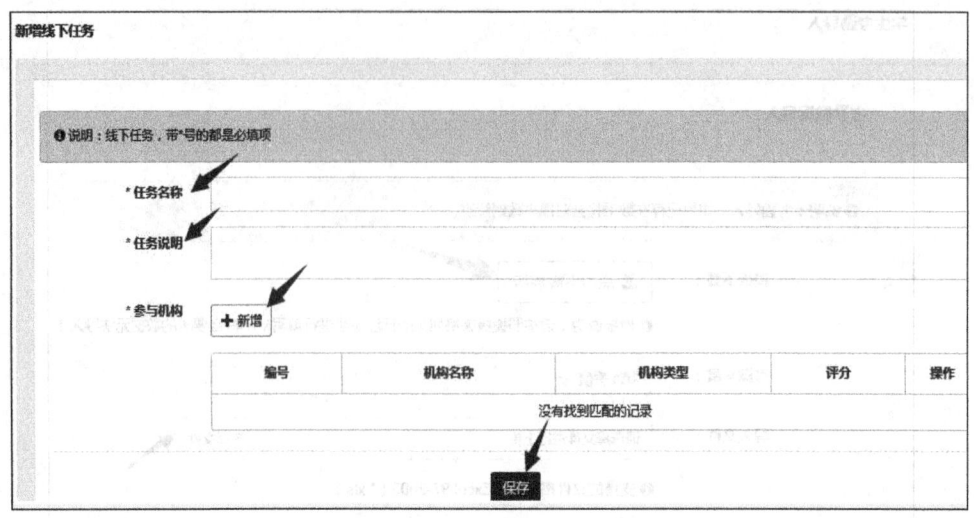

图 6-19 新增线下任务

3. 知识链接

线下任务主要是训练学生的管理类文案撰写能力，可以参考本书模块十四，并按照指导教师的要求给相关组织布置线下任务。

模块七
交易服务中心运营

在虚拟商业环境综合实训平台中,交易服务中心成员登录交易服务中心首页,如图 7-1 所示。左上角为操作人员的姓名、部门和职位,正中上方为虚拟时间,右上角为公共菜单栏和退出菜单,右下角为操作菜单;蓝色菜单表示本岗位具有该菜单的操作权限,灰色菜单表示本岗位没有该菜单的操作权限。

图 7-1 交易服务中心首页

在图 7-1 中,把光标指向蓝色的菜单,可以查阅每个菜单的功能,点击任意蓝色菜单跳转到工作界面,如图 7-2 所示。

图 7-2 交易服务中心工作界面

在虚拟商业环境综合实训平台中,交易服务中心各部门的功能模块和职责对照如表 7-1 所示。

表 7-1 交易服务中心各部门的功能模块和职责对照

部门	角色	功能模块		规则说明
		一级菜单	二级菜单	
商品业务部	商品业务部主管	成品竞单	竞单管理	配置成品竞单
			市场调研情况	查看商贸公司的市场调研情况
			竞单广告费情况	查看商贸公司广告费投入情况
			发放订单	向商贸公司发放交易订单
		成品交易会	交易会管理	组织成品交易会并进行管理
			参加情况	查看企业参加交易会情况
			签约登记	为企业进行签约登记
		政府采购	采购招标	发布政府采购订单招标信息
			采购中标	评标确定中标
			采购到货	政府采购交付情况查看
原材料业务部	原材料业务部主管	原材料竞单	竞单管理	组织原材料竞单
			供应材料	给供应企业供应原材料
		原材料交易会	交易会管理	组织原材料交易会并进行管理
			参加情况	查看企业参加交易会情况
			签约登记	为企业进行签约登记
		政府拍卖	拍卖管理	发布政府拍卖订单
			拍卖成交	确定成交企业
			拍卖订单	交付拍卖订单
固定资产业务部	固定资产业务部主管	固定资产	固定资产销售	向企业销售固定资产
			固定资产租赁	向企业租赁固定资产
其他	中心主任	路演管理	路演发布	创建团队路演,可选择路演的组织
			路演控制	控制路演开始和结束时间
			路演投票	为路演的组织投票
		财务管理	应收款管理	应收款项查询
			应付款管理	应付款项查询

项目一　商品业务部运营

一、成品竞单

1. 工作描述

交易服务中心在每个季度初（即1、4、7、10月的2号）发起成品竞单，在商贸公司提交竞单方案后，审核并发放成品订单给商贸公司。

2. 工作指引

（1）竞单管理。

在工作界面，把光标移到左上角【成品竞单】的下拉菜单【竞单管理】，弹出竞单管理对话框，如图7-3所示。在竞单管理界面中，可以进行新增、删除、结束竞单的操作。

图7-3　竞单管理界面

（2）新建成品竞单。

点击【新增】，弹出"新增竞单"对话框，如图7-4所示。可根据虚拟时间填写竞单标题和竞单说明，根据市场的总体趋势调整基准价格、各区域的成品平均需求数量、价格因素、季节因素和广告因素等。填写完成后，可点击【保存并开始】。

图7-4　新建成品竞单

(3) 查看市场调研情况。

在工作界面，点击【成品竞单】下拉菜单【市场调研情况】，弹出对话框如图 7-5 所示。选择对应季度的竞单标题，可查看商贸公司市场调研的相关信息，点击【详情】按钮，可查看调研详细信息，如图 7-6 所示。

竞单列表		调研机构列表			
竞单标题		编号	机构名称	调研费用	操作
【2018年第1季度】第一年第一季度		591	商贸公司01	12,000.00	▶详情
【2018年第2季度】第一年第二季度		592	商贸公司02	12,000.00	▶详情
		593	商贸公司03	0.00	
		594	商贸公司04	0.00	
		595	商贸公司05	0.00	
		596	商贸公司06	0.00	

图 7-5　查看市场调研情况

调研详情

竞单标题	【2018年第2季度】第一年第二季度		实训时间	【2018年第2季度】2018-04-02
产品	市场	价格	广告费	需求量
经济型童车	东部市场	1000	2000	6265
经济型童车	南部市场	1000	2000	6265
经济型童车	西部市场	1000	2000	6265
舒适型童车	东部市场	1400	2000	5117
舒适型童车	南部市场	1400	2000	5117
舒适型童车	西部市场	1400	2000	5117

调研数量：6 项
调研费用：12,000.00 元

图 7-6　市场调研详情

(4) 竞单广告情况。

在工作界面，点击【成品竞单】下拉菜单【竞单广告情况】，弹出对话框如图 7-7 所示，选择对应的竞单标题，可查看商贸公司的广告费信息，点击【详情】可以查看详细信息。

图 7-7　查看竞单广告情况

（5）发放订单。

在工作界面，点击【成品竞单】下拉菜单【发放订单】，弹出对话框如图 7-8 所示。选择"竞单标题"，查看竞单方案申请列表，对已经提交竞单方案的商贸公司，点击操作栏的【审核】按钮，发放订单给对应的商贸公司。

图 7-8　发放订单

3. 知识链接

交易服务中心通过发起成品竞单，让商贸公司提交各市场、各产品的报价，广告和接单数量后，审核并发放订单给商贸公司。在新增成品竞单中，填写的各市场的成品需求量是平均每个商贸公司的需求量。价格因素是成品的需求价格弹性，价格弹性大，说明成品需求受价格影响明显；价格弹性小，说明价格对需求的影响不明显。季节因素越大，市场的平均需求就会增加；季节因素小，市场的平均需求就会减少。广告因素影响大，说明广告的效果好；广告因素影响小，说明广告的效果不明显。

二、成品交易会

1. 工作描述

交易服务中心商品业务部每个季度在竞单结束后，应组织成品交易会，让商贸公司和制造公司参加交易会，进行成品交易活动。

2. 工作指引

（1）交易会管理。

在工作界面，把光标移到左上角的【成品交易会】，点击其下拉菜单【交易会管理】，弹出"交易会管理"对话框，如图 7-9 所示。

图 7-9 交易会管理

在图 7-9 中，点击【新增】按钮，可新增交易会；勾选交易会，点击【删除】按钮，进行删除操作。点击【交易会标题】可查看详情。点击【结束】按钮，可结束交易会。

（2）新增交易会。

点击【新增】按钮，弹出交易会对话框，填写交易会标题和交易会说明后，可选择【保存】或【保存并开始】，如图 7-10 所示。

图 7-10 新增交易会

（3）查看参加情况。

点击【成品交易会】的下拉菜单【参加情况】，选择"交易会标题"，可查看对应交易会的公司参加情况，如图 7-11 所示。

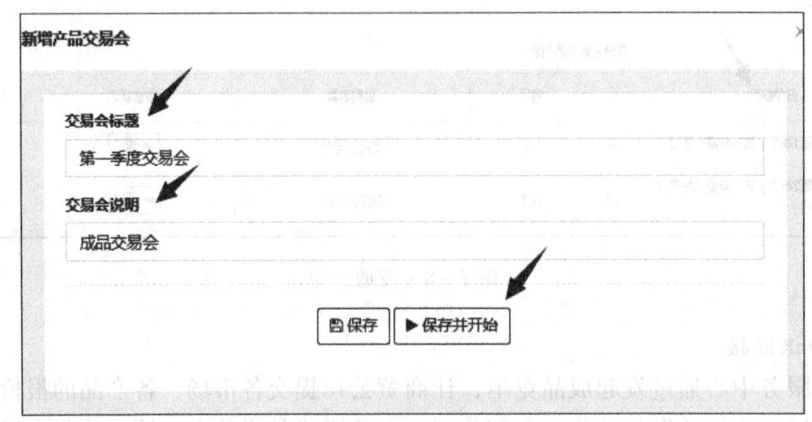

图 7-11 查看交易会参加情况

（4）签约登记。

制造公司与商贸公司参加交易会后，可以向交易服务中心申请签约登记。签约登记不影响双方交易，只有备案功能，方便双方发生合同纠纷时可以及时查对。点击【成品交易会】二级菜单【签约登记】，弹出如图 7 – 12 所示框图。可点击交易会标题，选择对应的交易会，可新增、查看签约信息。

图 7 – 12　签约登记首页

点击【新增】，弹出签约登记对话框如图 7 – 13 所示，填写全部信息后，点击【确定】。

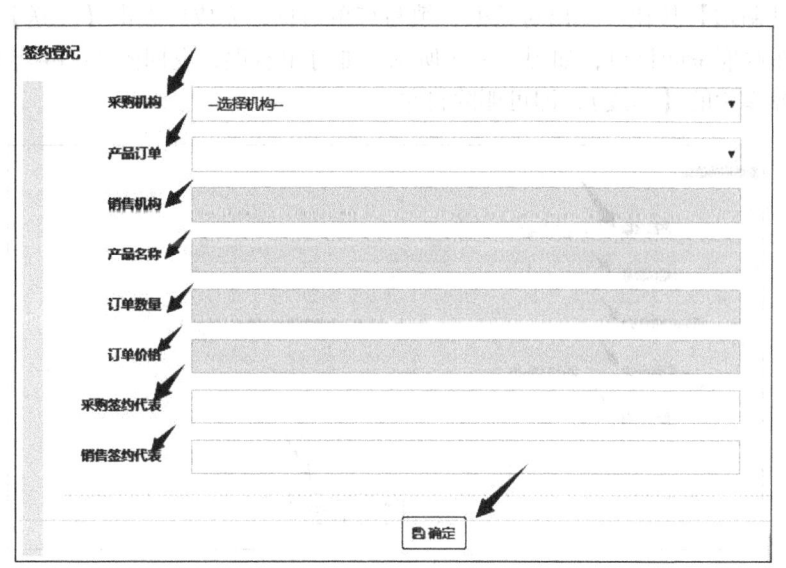

图 7 – 13　签约登记对话框

3. 知识链接

商贸公司与制造公司参加交易会后，可通过谈判确定成品交易的品种、价格和数量，并签订商品购销合同。

三、政府采购管理

1. 工作描述

政府采购由政府委托交易服务中心向制造公司发起采购工作。

2. 工作指引

（1）发布采购招标信息。

交易服务中心确定政府采购需求后在工作界面把光标移到左上角的【政府采购】，显示二级菜单，点击其下拉菜单【采购招标】，弹出"采购招标"对话框，如图7-14所示。

图7-14 政府采购招标

点击【新增】按钮，弹出对话框，填写订单信息，完成后点击【发送】，即可向制造公司发布政府采购订单，如图7-15所示。如订单有误，退回图7-14界面，选中订单，点击操作栏的【作废】，即可删除订单。

图7-15 新增招标信息

（2）确定采购中标。

交易服务中心在政府采购模块中点击二级菜单【采购中标】，弹出如图7-16所示框图。点击操作栏的【投标详情】，查看投标情况，选择分数最高的公司为中标公司，如图7-17所示。

图 7-16 采购中标

图 7-17 确定中标公司

确定中标公司后,点击【完成中标】,提示"确定要完成中标生成订单吗",点击【确定】,则生成采购订单。

(3) 采购到货。

交易服务中心在政府采购模块中点击二级菜单【采购到货】,弹出如图 7-18 所示框图,可在状态栏查看订单交付情况。如果制造公司已经交货,可以在操作栏点击【确认到货】。

图 7-18 确认到货操作

3. 知识链接

评标得分 =（底价 - 报价 + 1）×（1 + 路演得分 ÷ 20），所以低报价和高路演得分将有利于制造公司得高分。交易服务中心只能选择得分最高的公司中标,当出现得分相同的情况时,交易服务中心可要求得分一致的公司线下进行竞争性谈判,能额外提供较高服务费的公司为中标公司。

项目二 原材料业务部运营

一、原材料竞单

1. 工作描述

交易服务中心在每个季度初（即1、4、7、10月的2号）发起原材料竞单，在供应商提交竞单方案后，审核原材料订单，并按照原材料订单发货给供应商。

2. 工作指引

（1）竞单管理。

在工作界面中，把光标移到左上角的【原材料竞单】，点击其下拉菜单【竞单管理】，弹出原材料竞单管理对话框，如图7-19所示。点击左侧的【新增】按钮，新增一个原材料竞单。

图7-19 竞单管理

（2）新建原材料竞单。

在新增竞单的对话框中，填写配置基准价格、供应数量、价格因素、季节因素等信息后，点击下方的【保存并开始】按钮，生成原材料竞单信息，如图7-20所示。

产品	基准价格	需求数量	价格因素	季节因素	加成系数
车身	120	5000	1	0.8	2
车轮	5	16000	1	0.8	2
电机	30	4000	1	0.8	2
电池	30	5000	1	0.8	2
电源适配器	20	5000	1	0.8	2
音乐模块	60	5000	1	0.8	2
遥控模块	100	5000	1	0.8	2

图7-20 配置竞单信息

（3）供应材料。

交易服务中心在供应公司提交竞单方案后，需要对供应公司的竞单方案进行审核。在工作界面，点击【原材料竞单】下的二级菜单【供应材料】，弹出如图7-21所示对话框。点击右侧操作栏的【审核】按钮，查看供应商竞单方案并点击【发放订单】审核发放订单，如图7-22所示。对于已经审核发放的订单，可以点击右侧操作栏的【详情】，查看竞单信息。

图7-21 审核竞单并供应材料

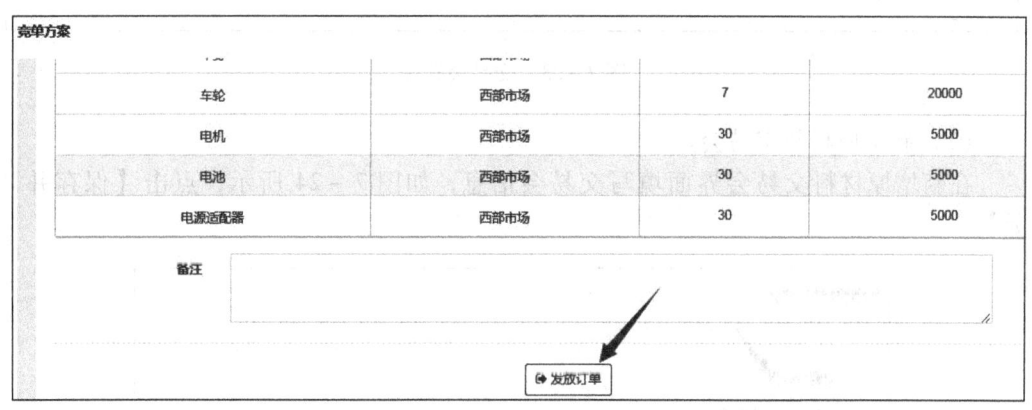

图7-22 查看竞单详情

3. 知识链接

交易服务中心通过发起原材料竞单，让供应商提交原材料的报价和数量等信息后，审核竞单并发放原材料给供应商。在新增原材料竞单中，填写的原材料供应量是平均每个供应商可以获取的数量。价格因素是原材料供给价格弹性，价格弹性大，说明原材料供给受价格影响明显；价格弹性小，说明价格对供给的影响不明显。季节因素越大，市场的平均需求就会增加；季节因素小，市场的平均供给就会减少。加成系数说明供应商增加采购员可以增加原材料采购的数量。

二、原材料交易会管理

1. 工作描述

交易服务中心原材料业务部每个季度在原材料竞单结束后，应组织原材料交易会，让供应商和制造公司参加交易会，进行原材料交易活动。

2. 工作指引

（1）交易会管理。

在工作界面，把光标移到左上角的【原材料交易会】，点击其下拉菜单【交易会管理】，弹出交易会管理对话框，如图7-23所示。可增加、删除、结束交易会。点击【新增】按钮，添加交易会。

图7-23 交易会管理

（2）新增原材料交易会。

在新增原材料交易会界面填写交易会信息，如图7-24所示，点击【保存并开始】。

图7-24 新增原材料交易会

（3）查看参加情况。

在工作界面，点击【原材料交易会】下的二级菜单【参加情况】，选择【交易会标题】，可查看对应交易会的公司参加情况，如图7-25所示。

图 7-25　查看参加情况

（4）签约登记。

制造公司与供应商参加原材料交易会后，可以向交易服务中心申请签约登记。签约登记不影响双方交易，只有备案功能，方便双方发生合同纠纷时可以及时查对。点击【原材料交易会】下的二级菜单【签约登记】，弹出如图 7-26 所示框图。可点击交易会标题，选择对应的交易会，可新增、查看签约信息。

图 7-26　原材料签约登记

点击【新增】，弹出签约登记的对话框，填写全部信息后，点击【确定】。

3. 知识链接

供应商与制造公司参加原材料交易会，可通过谈判确定原材料交易的品种、价格和数量，并签订原材料购销合同。

三、拍卖管理

1. 工作描述

政府拍卖是政府通过交易服务中心，向制造公司拍卖原材料的一个交易途径。在虚拟商业环境中主要是打破供应商的原材料垄断，缓解制造公司生产时原材料不足的问题。

2. 工作指引

（1）拍卖管理。

交易服务中心在工作界面把光标移到左上角的【政府拍卖】，显示二级菜单，并点击其下拉菜单【拍卖管理】，弹出拍卖对话框，如图 7-27 所示。

图7-27 拍卖管理

(2) 发布拍卖信息。

交易服务中心在拍卖管理界面,点击【新增】按钮,新增拍卖订单,填写原材料名称、拍卖数量、拍卖单价、拍卖说明等信息,填写完成后,点击【发送】按钮,即可发送拍卖订单,如图7-28所示。

图7-28 发布拍卖订单

(3) 拍卖成交。

当所有需要竞拍的制造公司都参与竞拍后,交易服务中心需要进行拍卖成交确认,在工作界面【政府拍卖】的下拉菜单点击【拍卖成交】,弹出如图7-29所示框图。选择拍卖项目,点击右侧操作栏的【竞拍详情】,弹出如图7-30所示对话框,选择最高分的制造公司为成交单位。

图7-29 拍卖情况

图 7-30 确定成交单位

（4）订单交付。

当交易服务中心确定成交公司后，在工作界面【政府拍卖】的下拉菜单中，点击【拍卖订单】，弹出如图 7-31 所示框图。点击右侧操作栏的【详情】，弹出拍卖订单详情页面，如图 7-32 所示。

图 7-31 查看拍卖订单

图 7-32 拍卖订单详情

3. 知识链接

评标得分 =（报价 - 底价 + 1）×（1 + 路演得分 ÷ 20），所以高报价和路演得分高将有利于制造公司得高分。交易服务中心只能选择得分最高的公司中标，当出现得分相同时，交易服务中心可要求得分一致的公司线下商洽，能提供较好条件的公司为中标公司。

项目三 固定资产业务部运营

一、固定资产销售

1. 工作描述

交易服务中心向商贸公司、制造公司、供应商和物流公司等组织提供固定资产销售服务。

2. 工作指引

在工作界面【固定资产】的下拉菜单中,点击【固定资产销售】,如图 7-33 所示,可以按照公司类别查询固定资产采购订单。点击对应订单的右侧操作栏的【审核】按钮可进行审核操作。审核通过的生产线订单一个月后才能到位,其它固定资产可以当时到位。

编号	购买方	机构类型	交易类型	实习时间(虚拟)	状态	创建时间	操作
330	物流公司01	物流公司	销售	2020-03-28	已审核	2018-03-12 16:17:03	查看合同
329	商贸公司02	商贸公司	销售	2020-03-28	未审核	2018-02-26 16:41:52	审核
311	制造公司07	制造公司	销售	2018-01-02	已审核	2018-02-01 11:18:06	查看合同
298	物流公司02	物流公司	销售	2018-01-02	已审核	2018-01-31 15:53:12	查看合同

图 7-33 固定资产销售

点击【查看合同】按钮,弹出固定资产采购合同。

图 7-34 固定资产采购合同

3. 知识链接

固定资产销售单价为不含税价，实际支付金额应该加上增值税。

二、固定资产租赁

1. 工作描述

交易服务中心向商贸公司、制造公司、供应商和物流公司等组织提供固定资产租赁服务。

2. 工作指引

在工作界面【固定资产】的下拉菜单中，点击【固定资产租赁】，弹出如图7-35所示对话框，可以按照公司类别查询固定资产租赁订单。点击对应订单的右侧操作栏的【审核】按钮可进行审核操作。审核通过后，固定资产可即时到位使用。审核通过的租赁订单点击查看合同信息，如图7-36所示。

编号	租赁方	交易类型	机构类型	实习时间（虚拟）	状态	创建时间	操作
293	供应公司01	租赁	供应公司	2019-07-02	✔已审核	2018-01-30 10:39:28	◉查看合同
285	商贸公司01	租赁	商贸公司	2018-12-28	🔒未审核	2018-01-26 11:53:10	审核

图7-35 固定资产租赁

图7-36 固定资产租赁合同

3. 知识链接

固定资产租赁单价为不含税价，实际支付金额应该加上增值税。

项目四 路演管理

一、路演发布

1. 工作描述

让各组织进行团队路演,并让所有学员对路演组织进行评价投票。交易服务中心可以定期组织公司路演活动。

2. 工作指引

在工作界面【团队路演】的下拉菜单中,点击【路演管理】,弹出如图 7-37 所示对话框,可新增、查看、搜索路演信息。点击【新增】,新建团队路演,如图 7-38 所示。填写路演标题,选择参加路演的企业;可选择全部企业,也可选择部分企业;可选择报名模式或不需报名模式。若选择报名模式则企业需报名参加团队路演;若选不需报名模式,开始路演后,企业可直接进行路演投票,无需报名。

图 7-37 路演管理

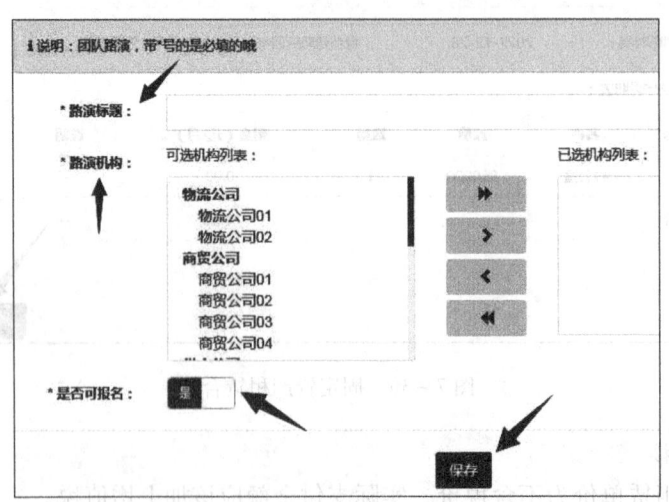

图 7-38 创建路演

3. 知识链接

路演是指组织在公共场所进行演说、演示产品、推介理念，向他人推广自己的公司、团体、产品、想法的一种方式。通过现场演示的方法，引起目标客户的关注，让他们产生兴趣，最终达成销售。路演有两种功能：一是宣传，让更多的人知道公司和产品；二是可以现场销售，增加目标客户的试用和体验机会。

二、路演实施

1. 工作描述

在公司报名结束后，交易服务中心可以开始路演工作，按照一定顺序组织路演和投票。

2. 工作指引

（1）路演控制。

在工作界面【团队路演】的下拉菜单中，点击【路演控制】，弹出如图7-39所示对话框，点击操作栏【开始】按钮，开始路演工作。

图7-39 路演控制

（2）查看路演投票。

在工作界面【团队路演】的下拉菜单中，点击【路演投票】，弹出如图7-40所示

图7-40 查看路演投票

对话框，点击操作栏【查看】按钮，可查看路演情况以及路演投票情况。

3. 知识链接

交易服务中心每个季度初可以组织一次路演活动，让经营性组织参与路演并获得加分，制造公司还能增加政府采购和政府拍卖的评标得分。路演活动不是凭空产生的一项活动，需要花费人力和物力，所以交易服务中心要精心组织好路演活动。

模块八
商业银行运营

在虚拟商业环境综合实训平台中,商业银行成员登录进入商业银行首页,如图 8-1 所示。左上角为操作人员的姓名、部门和职位,正中上方为虚拟时间,右上角为公共菜单栏和退出菜单,右下角为操作菜单。蓝色菜单表示本岗位具有该菜单的操作权限,灰色菜单表示本岗位没有该菜单的操作权限。

图 8-1 商业银行页面

在图 8-1 中,把光标指向蓝色的菜单,可以查阅每个菜单的功能,点击任意蓝色菜单跳转到工作界面,如图 8-2 所示。

图 8-2 商业银行工作界面

在虚拟商业环境综合实训平台中，商业银行各部门的功能模块和操作说明如表 8-1 所示。

表 8-1 商业银行各部门功能模块和操作说明

操作	操作角色	功能模块		规则说明
		一级菜单	二级菜单	
信贷部	信贷部主管	银行贷款	短期贷款	审批短期贷款申请及查看贷款详情，贷款规则查看表 2-6
			长期贷款	审批长期贷款申请及查看贷款详情，贷款规则查看表 2-6
业务部	业务部主管	柜台业务	银行开户	为开业企业办理银行开户
			银行查账	进行企业银行查账业务
			银行转账	进行企业银行转账业务
	柜台业务员	柜台业务		操作权限参考业务部主管权限
其他	行长	全部		总经理可操作所有功能模块
		综合业务	参数管理	设置贷款参数，具体见图 8-3

商业银行负责人在需要的时候可以修改参数信息，包括短期贷款利率、短期贷款额度占比、长期贷款利率、长期贷款额度占比等。

在图 8-1 的主界面中，点击右下角的【综合业务】菜单，把光标移动到左上角的【参数管理】，负责人根据需要修改参数，点击【保存】完成修改，如图 8-3 所示。

图 8-3 银行参数管理

项目一 业务部业务

一、银行开户业务

1. 工作表述

银行柜台工作人员须为企业提供开户业务。

2. 工作指引

(1) 进入银行开户。

在图8-1的主界面中,点击右下角的【柜台业务】菜单,把光标移到左上角的【银行开户】,点击其下拉菜单【开户】,弹出银行开户对话框,如图8-4所示。

图8-4 银行开户

(2) 银行开户业务办理。

点击【开户】按钮,进入如图8-5所示开户页面。选择【开户机构】【保存】后即可开户成功。银行开户为公司开业业务,公司开业需在工商及税务部门进行登记后到银行办理开户业务。

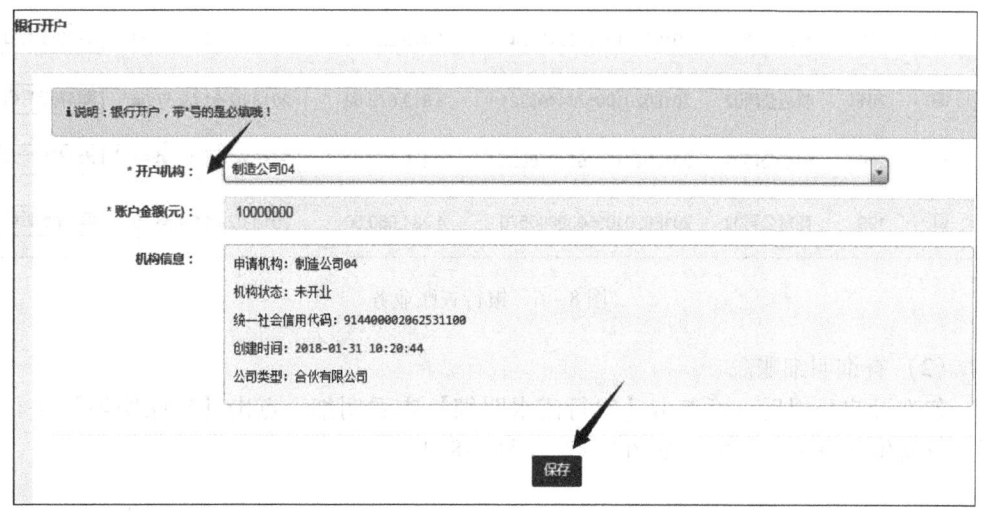

图8-5 银行开户服务

3. 知识链接

（1）开户所需材料包括：证明文件、开户申请书、信息采集表、合同、单位章、经办及主管签章。

（2）证明文件包括营业执照正本、组织机构代码证书、国税/地税登记证正本、法定代表人身份证明、代办人授权书及身份证明、房屋产权证或租赁协议、现金库存申请表。

（3）所有证明文件都需要双份复印件。

（4）注意审核证明文件是否齐全、正本是否真实、期限是否有效、合同内容和信息表填写是否一致。

（5）一个企业只能开立一个基本账户。

二、银行查账业务

1. 工作描述

银行柜台工作人员须为企业提供查账业务。

2. 工作指引

（1）进入银行查账。

在图8-1的主界面中，点击右下角的【综合业务】菜单，把光标移到左上角的【银行查账】并点击，弹出如图8-6所示页面。

编号	开户公司	银行账户	账户余额（元）	开户时间	操作
203	物流公司02	20180201095728551880	1,619,957.34	2018-02-01 09:57:28	转账明细
202	物流公司01	20180201095720180545	1,420,225.50	2018-02-01 09:57:20	转账明细
201	供应公司02	20180201095704493221	3,813,672.08	2018-02-01 09:57:04	转账明细
200	供应公司01	20180201095654958928	4,230,122.88	2018-02-01 09:56:54	转账明细
199	商贸公司02	20180201095639886570	4,284,060.00	2018-02-01 09:56:39	转账明细

图8-6 银行查账业务

（2）查询明细账。

勾选开户公司后，可点击【银行流水明细】查看明细。点击【转账明细】进行查看，支持输入框搜索功能，如图8-7、图8-8所示。

图 8-7　银行明细账查询

图 8-8　银行转账业务查询

3. 知识链接

在现实中，银行会定期向企业寄送银行对账单。银行对账单是银行客观记录企业资金流转情况的记录单。就银行对账单的概念来说，银行对账单反映的主体是银行和企业，反映的内容是企业的资金，反映的形式是对企业资金流转的记录。就其用途来说，银行对账单是银行和企业之间对资金流转情况进行核对和确认的凭单。就其特征来说，银行对账单具有客观性、真实性、全面性等基本特征。

三、银行转账业务

1. 工作描述

银行柜台工作人员须为企业办理转账业务。

2. 工作指引

（1）进入银行转账。

在图 8-1 所示的主界面中，点击右下角的【综合业务】菜单，把光标移到左上角的【银行转账】，点击其下拉菜单【转账】，弹出银行转账对话框。

(2) 转账业务。

点击【转账】按钮可新增转账信息,可点击【查看】按钮查看已经转账的记录。

在银行转账界面,可在对话框下拉菜单选取相关付款单位和收款单位,填写转账金额及说明,点击【转账】按钮,发起银行转账业务,如图 8-9 所示。

图 8-9 发起银行转账

3. 知识链接

银行结算业务即转账结算业务,简称结算,也叫支付结算,是以信用收付代替现金收付的业务。它是通过银行账户的资金转移所实现收付的行为,即银行接受客户委托代收代付,从付款单位存款账户划出款项,转入收款单位存款账户,以此完成债权债务的清算或资金的调拨。

项目二 信贷部业务

一、短期贷款业务

1. 工作描述

商业银行为企业提供期限为 3 个月、6 个月和 12 个月的短期贷款业务。

2. 工作指引

(1) 进入短期贷款业务。

在图 8-1 的主界面中,点击右下角的【银行贷款】菜单,点击左上角的【短期贷款】,进入短期贷款业务。

(2) 短期贷款业务审核。

点击【审核】按钮,可审核贷款,通过则发放贷款。可以根据贷款企业、申请时间进行查询,如图 8-10 所示。公司如需短期贷款,则在公司财务管理的银行贷款中进行贷款申请。

图 8 – 10　银行短期贷款审核

3. 知识链接

短期贷款是指贷款期限在 1 年以内（含 1 年）的贷款。短期贷款一般用于借款人生产、经营中的流动资金需要。短期借款资金的优点在于可以随企业的资金需要安排，便于灵活使用，取得程序较为简便；缺点是不能满足企业长久资金的需要。由于短期贷款采用固定利率，企业的利益可能会受利率波动的影响。

二、长期贷款业务

1. 工作描述

商业银行为企业提供长期贷款业务。

2. 工作指引

（1）进入长期贷款业务。

在图 8 – 1 所示的主界面中，点击右下角的【银行贷款】菜单，再点击左上角的【长期贷款】，进入长期贷款业务。

（2）长期贷款业务审核。

点击【审核】按钮，可审核贷款，通过则发放贷款。支持根据贷款企业、申请时间进行查询，如图 8 – 11 所示。公司如需长期贷款，则在公司的财务管理中银行贷款进行贷款申请。

图 8 – 11　银行长期贷款审核

3. 知识链接

长期贷款一般指企业向银行或其他金融机构借入的期限在一年以上（不含一年）或超过一年的一个营业周期的各项借款。长期贷款按用途可分为固定资产投资借款、更新改造借款、科技开发和新产品试制借款。长期贷款从是否需要担保可分为信用贷款和抵押贷款。信用贷款指不需企业提供抵押品，仅凭其信用或担保人信誉而发放的贷款。抵押贷款是指要求企业以抵押品作为担保的贷款。长期贷款的抵押品常常是房屋、建筑物、机器设备、股票、债券等。在虚拟商业环境中，长期贷款为抵押贷款。

模块九
会计师事务所运营

在虚拟商业环境综合实训平台中,交易服务中心负责人登录进入交易中心首页,如图 9-1 所示。左上角为操作人员的姓名、部门和职位,正中上方为虚拟时间,右上角为公共菜单栏和退出菜单,右下角为操作菜单;蓝色菜单表示本岗位具有该菜单的操作权限,灰色菜单表示本岗位没有该菜单的操作权限。

图 9-1 会计师事务所页面

在图 9-1 中,把光标指向蓝色的菜单,可以查阅每个菜单的功能,点击任意蓝色菜单跳转到工作界面,如图 9-2 所示。

图 9-2 会计师事务所工作界面

在虚拟商业环境综合实训平台中，会计师事务所各部门的功能模块和职责对照如表9-1所示。

表9-1 会计师事务所各部门的功能模块和职责对照

部门	操作角色	功能模块		规则说明
		一级菜单	二级菜单	
审计部	审计部经理	审计业务	审计业务	为企业办理审计业务
财务咨询部	财务咨询部经理	财务业务	代理记账	为企业办理代理记账业务
			财务咨询	为企业提供财务咨询服务
税务代理部	税务代理部经理	税务业务	税务代理	为企业办理代理税务业务
其他	所长	全部		所长可操作所有功能模块

项目一 审计业务运营

一、工作描述

会计师事务所需为企业提供审计业务。审计业务为线下操作业务，线上功能为审计业务合同内容，服务费用为5 000元。

二、工作指引

1. 进入审计业务

在图9-1所示的主界面中，点击【审计业务】菜单，进入审计业务。

2. 新增审计业务

进入审计业务界面，点击【+申请】，弹出新增业务对话框，如图9-3所示。

图9-3 申请新增审计业务

可根据新增审计单位信息填列相关内容,服务费 5 000 元,如图 9-4 所示。

审计业务申请			
委托方	请选择 ▼	受托方	会计师事务所
服务内容			
服务费	5000	提交报告日期	请选择 ▼

查看合同说明 ↑

确定 关闭

图 9-4　新增代理记账单位信息

3. 审计业务查询与报送

根据委托企业、申请时间进行查询,点击【查询】按钮即可查看合同,审核无误之后点击【发送报告】按钮,报告发送完毕,如图 9-3 所示。

4. 知识链接

会计师事务所执行年度会计报表审计业务,主要分以下四个步骤。

(1) 审计计划阶段

注册会计师在调查、了解被审计单位的基本情况后,与委托人签订审计业务约定书,并编制审计计划。

(2) 审计实施阶段

①明确审计目标。

②实施审计程序。审计程序包括符合性测试程序和实质性测试程序。

(3) 完成审计工作阶段

①审核关联交易。关注期后事项和或有事项,评估被审计单位的持续经营能力。

②向委托人提出调整会计报表的建议。在审计报告编制之前,注册会计师会向被审计单位介绍审计情况。对于在审计过程中发现的不符合会计准则及相关会计法规,需要调整会计报表的重大事项,以书面形式提出调整会计报表的建议。

③处理未调整事项。被审计单位未采纳调整建议时,注册会计师会对未接受调整事项进行整理,并作出书面记录(包括未接受的理由),并根据未调整事项的性质和重要程度,确定是否在审计报告中予以反映以及如何反映。

④作出审计总结。注册会计师在完成审计外勤工作后,会根据获取的审计证据撰写

审计总结，概括地说明审计计划的执行情况以及审计目标是否实现。

⑤索取被审计单位管理当局的声明书。

（4）出具审计报告阶段

注册会计师在实施了必要的审计程序后，对会计报表实施总体性复核，并按照《独立审计具体准则》的要求，以经过核实的审计证据为依据，形成审计意见。

项目二　财务咨询与税务代理

一、代理记账业务

1．工作描述

会计师事务所为需要的企业提供代理记账业务。代理记账实际业务为线下操作业务，线上功能为有关合同的内容，服务费用为1 000元。

2．工作指引

（1）进入代理记账。

在图9－1所示的主界面中，点击右下角的【财务业务】菜单，把光标移动到左上角的【代理记账】并点击，进入代理记账业务。

（2）新增代理记账业务。

在代理记账界面，点击【＋申请】，弹出新增业务对话框，如图9－5所示。

图9－5　新增代理记账

可根据新增代理记账单位信息填列相关内容，服务费5 000元，如图9－6所示。

图 9-6　新增代理记账单位信息

3. 知识链接

代理记账是指会计咨询、服务机构及其他经批准设立从事会计代理记账业务的中介机构接受独立核算单位的委托,代替其办理记账、算账、报账业务的一种社会性会计服务活动。

代理记账的主体是经批准设立从事会计代理记账业务的中介机构,包括会计师事务所、代理记账公司及其他具有代理记账资格的中介机构;代理记账的对象是不具备设置会计机构或者在有关机构中设置专职会计人员的独立核算单位,如小型经济组织、应当建账的个体工商户等。

代理记账的内容主要是代替独立核算单位办理记账、算账、报账等业务。代理记账的性质是一种社会性会计服务活动,是会计工作社会化、专门化的表现。代理记账在法律上的表现则是通过签订委托合同的方式来明确和规范委托及受托双方的权利、义务关系。

二、财务咨询业务

1. 工作描述

会计师事务所为需要的企业提供财务咨询业务。财务咨询业务为线下操作业务,线上功能为有关合同的内容,服务费用为 6 000 元。

2. 工作指引

(1) 进入财务咨询业务。

在图 9-1 的主界面中,点击右下角的【财务业务】菜单,把光标移动到左上角的【财务咨询】,进入财务咨询业务。

(2) 新增财务咨询业务。

在财务咨询界面,点击【+申请】,弹出新增业务对话框,如图 9-7 所示。

图9-7 新增财务咨询业务

可根据新增财务咨询单位信息填列相关内容,服务费6 000元,如图9-8所示。

图9-8 新增财务咨询单位信息

3. 知识链接

财务咨询从理论上说是管理咨询的一种,是指具有财务与会计及相关专业知识的自然人或法人接受委托,向委托人提供业务解答、筹划及指导等服务的行为。

财务咨询的业务范围非常广泛,咨询业务既包括实物性资产咨询、证券性资产咨询,又包括财务主体筹资、投资及日常管理等业务咨询。具体说来,在国外,财务咨询业务通常包括财务估价、经营资金与流动资金管理、兼并与收购、投资项目分析、会计制度设计、预算控制、外汇管理等;在中国,财务咨询业务通常包括设计企业内部控制制度、设计会计电算化实施战略、财务分析、代拟经济文书、培训财务会计人员、代理记账、税务代理服务、个人理财帮助、资产评估、投资咨询服务等。

三、税务代理

1. 工作描述

会计师事务所为需要的企业提供税务代理业务。税务代理业务为线下操作业务，线上功能为有关合同的内容，服务费用为1 000元。

2. 工作指引

（1）进入税务代理业务。

在图9-1所示的主界面中，点击右下角的【税务业务】菜单，把光标移动到左上角的【税务代理】并点击，进入税务代理业务。

（2）新增税务代理业务。

在税务代理界面，点击【+申请】，弹出新增业务对话框，如图9-9所示。

图9-9　新增税务代理业务

可根据新增税务代理单位信息填列相关内容，服务费1 000元。如图9-10所示。

图9-10　新增税务代理单位信息

3. 知识链接

《税收征收管理法》规定，纳税人、扣缴义务人可以委托税务代理人代办税务事宜。税务代理人可以接受纳税人、扣缴义务人的委托，进行全面代理、单向代理、临时代理或者常年代理。税务代理关系一经确定，税务代理人就可以在代理范围内从事代理工作。税务代理人可以接受委托，进行代理的事项有：

(1) 办理税务登记、变更税务登记和注销税务登记；
(2) 办理除增值税专用发票外的发票领购手续；
(3) 办理纳税申报或扣缴税款报告；
(4) 办理缴纳税款和申请退税；
(5) 制作涉税文书；
(6) 审查纳税情况；
(7) 建账建制，办理账务；
(8) 税务咨询、受聘税务顾问；
(9) 税务行政复议；
(10) 国家税务总局规定的其他业务。

模块十

物流公司运营

在虚拟商业环境综合实训平台中,物流公司主要开展物流运输、仓储服务业务,总经理登录后进入公司首页,如图 10-1 所示。

图 10-1　物流公司首页

在图 10-1 中,把光标指向蓝色的菜单,可以查阅每个菜单的功能,点击任意蓝色的菜单跳转到工作界面,如图 10-2 所示。

图 10-2　物流公司工作界面

在虚拟商业环境综合实训平台中,物流公司各部门的功能模块和操作说明如表10-1所示。

表10-1 物流公司各部门的功能模块和操作说明

业务类型	业务清单	操作说明
市场业务	市场开拓	开拓市场
	货物揽收	揽收订单
仓库管理	仓库出租	原材料仓库出租
	揽收入库	成品揽收入库
	发运出库	成品发运出库
	固定资产	固定资产采购(主要指仓库购买)
运输调度	车辆管理	购买与租赁车辆
	运输计划	制作运输计划
	配载发运	发运订单
人事管理	档案管理	查看企业员工档案
	薪资社保	薪资社保结算
	人员招聘	人员招聘
财务管理	应收款管理	应收款项查询
	应付款管理	应付款项查询
	发票管理	发票情况查询
	银行贷款	银行贷款业务办理
	工资发放	审核发放工资
	营业费用	营业费用结算
	纳税申报	企业纳税申报
	资产管理	资产状况反映及资产折旧
	财务报表	资产负债表、利润表及成本核算表

人事管理与财务管理业务请参考第三篇之《模块十二 人事管理》《模块十三 财务管理》。

项目一 市场开发与管理

一、市场开拓

1. 工作描述

物流公司默认是在西部,所以默认西部市场已经开发完毕,如果物流公司需要到其他地区承揽业务，必须先进行市场开发。市场开发具体规则见模块二的规则部分。是否要开发新的市场，主要取决于公司的发展战略和对市场需求的评估。物流公司主要的市场业务主要包括承揽货物运输和提供仓储服务。

进行市场开拓前需要具备如下条件：
(1) 购买办公室和仓库；
(2) 招聘仓管员和仓储主管；
(3) 支付相应开拓费用。

2. 工作指引

(1) 点击图 10 - 1 的【市场开拓】菜单，进入市场开拓界面，如图 10 - 3 所示。

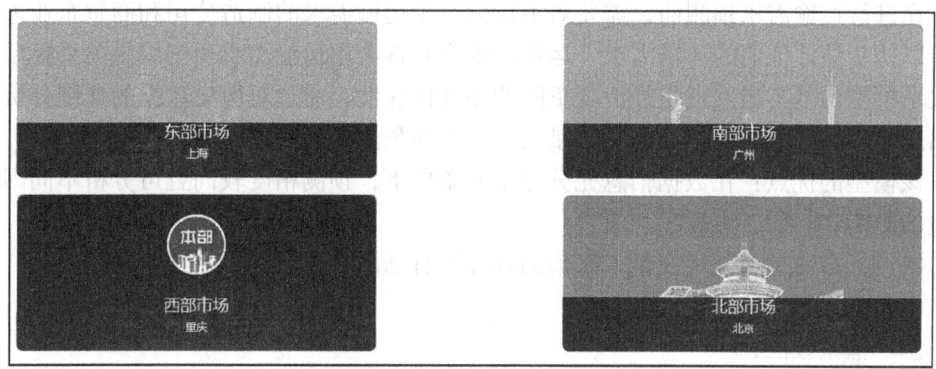

图 10 - 3　市场开拓

(2) 在图 10 - 3 中点击需要开拓的市场，则进入图 10 - 4 所示界面。之后确认是否已经具备空闲的仓库和仓管人员，如没有，则需要购买仓库和招聘仓管人员。开拓市场需要不动产（成品仓库），需求数量为 1，人员有仓储主管、仓管员，数量为各 1 名，当剩余数量满足要求后，点击【开拓】按钮，则可以成功开拓该市场。

图 10 - 4　市场开拓资产和人员配置

3. 知识链接

在进行市场开拓前，需要对市场的供求情况进行调研，并预测未来的运输和仓储服务需求，然后再评估是否需要开拓该市场。

(1) 预测市场运输需求。

运输需求指在一定的时期内和一定价格水平下，社会经济生活中货物空间位移方面所提出的具有支付能力的需要。

运输需求要素主要有：

①流量，即运输需求量；

②流向，即客货流的空间走向、产生地和消费地；

③流程，即运输距离；

④流时，即运送时间；

⑤流速，即送达速度。

在进行运输需求预测前，需要对市场内产生运输需求的制造公司和商贸企业进行调研，以初步估计他们的运输需求。运输需求预测常采用运输需求预测因果关系模型。因果关系模型的基本出发点是经济变量间的相互依存性，通过对历史数据的详细分析，揭示出运输需求同经济变量之间的数量关系，以便预测未来的运量。

该模型的优点：在数据信息充分完备的条件下，预测精度较高且可分析不同因素对运量的影响。

缺点：自变量或外生变量未来值的选择带有预测性，因而影响预测准确性。

主要的预测方法有：

①产值系数法；

②产运系数法；

③回归分析法；

④重力模型法。

详细的预测步骤见"物流运输管理"相关教材中的"运输需求分析与预测"章节的对应内容。

(2) 预测市场仓储需求。

仓储需求预测同运输市场需要预测一样，需要先对市场内的制造公司和商贸企业进行调研，了解其基本需求，然后用回归分析法、平滑系数法等定量预测方法进行预测，具体的预测步骤请参照"市场调研与预测"相关教材。

二、货物揽收

1. 工作描述

货物揽收是指物流公司业务人员向客户承揽原材料、产成品或设备的运输业务。揽收完成后，需要进行揽收入库，才可以安排运输。

2. 工作指引

(1) 线下签订货物运输合同。在进行货物揽收之前需要签订货物运输合同，载明托运时间、规定送达时间、目的地、运费等事项。需要注意的是：在运输目的地要么是商贸公司有仓库，要么是物流公司有仓库，并提供给商贸公司租用，否则将会导致运输货物无法交货的情况。

(2) 线下要求托运方（制造公司、商贸公司或者供应商）将运输需求填写录入系统。

（3）点击菜单【市场业务】下的二级菜单【货物揽收】，进入图10-5所示界面，点击【查看】按钮进入界面查询之前的揽货情况，如图10-6所示。

编号	发货机构	发货市场	收货机构	收货市场	货物类型	货物名称	数量	总重量(kg)	运费	提交时间（虚拟）	揽收时间（虚拟）	状态	操作
70	供应公司02	西部市场	制造公司02	西部市场	原材料	音乐模块	300	60	9.60	2019-03-02	2019-03-02	✔已揽收	查看
71	供应公司02	西部市场	制造公司02	西部市场	原材料	遥控模块	300	150	24.00	2019-03-02	2019-03-02	✔已揽收	查看
115	制造公司02	西部市场	商贸公司01	东部市场	成品	经济型童车	1	13.1	15.72	2020-03-28	—	✘未揽收	查看

图10-5 货物揽收操作主界面

图10-6 订单显示部分

（4）如果订单状态为"未揽收"，则点击【查看】，选择订单进行货物揽收操作，如图10-7所示。进入【揽货】操作界面，如图10-8所示。

总重量(kg)	运费	提交时间（虚拟）	揽收时间（虚拟）	状态	操作
60	9.60	2019-03-02	2019-03-02	✔已揽收	查看
150	24.00	2019-03-02	2019-03-02	✔已揽收	查看
13.1	15.72	2020-03-28	—	✘未揽收	查看

图10-7 订单操作部分

图 10-8 货物揽收操作界面

3. 知识链接

货物运输合同,即通常所说的货运合同,是委托人将需要运送的货物交给承运人,由承运人按委托人的要求将货物运送到指定地点交付给委托人或者收货人,并由委托人或收货人支付运费的合同。

项目二 仓储管理

一、仓库出租

1. 工作描述

仓库出租是指将物流公司的仓库租赁给商贸公司、供应商等公司使用,并负责对承租方的货物提供保管服务,同时收取一定的租金。仓储服务费参考报价见表 10-2。

表 10-2 仓储服务参考报价

存货名称	计量单位	仓储费
原材料	元/件·季度	0.5
产成品	元/辆·季度	4.0

注:仓储服务费仅分类型收费,仓储服务费在实际收取中可以根据市场情况在正负 20% 的浮动范围内收取。

2. 工作指引

(1)线下签订仓库租赁合同。在仓库租赁合同中,应载明出租期限、需储存的物品、租金、违约金等。

(2)线下要求承租方(制造公司、商贸公司或者供应商)将租赁需求填写录入系统。

（3）审核租赁方的租赁需求。点击菜单【仓储管理】后，点击二级菜单【仓库出租】，进入图10-9所示界面。点击【审核】按钮，进行审核。

编号	承租机构	仓库名称	仓库类型	申请时间（虚拟）	租赁到期时间（虚拟）	创建时间	审核状态	操作
38	供应公司01	仓库B	原材料仓	2020-03-28	2027-12-28	2018-03-13 10:21:26	未审核	审核
33	供应公司02	K仓库	原材料仓	2019-01-02	2027-12-28	2018-01-26 16:28:31	通过	--
32	供应公司02	H仓库	原材料仓	2019-01-02	2027-12-28	2018-01-26 16:25:07	通过	--
31	商贸公司01	AAAA	成品仓	2019-01-02	2027-12-28	2018-01-26 15:30:31	通过	--
30	供应公司01	1号仓库	原材料仓	2019-01-02	2027-12-28	2018-01-26 14:21:42	通过	--

图10-9 仓库出租界面

3. 知识链接

仓库租赁合同是为了保护租赁双方的合法权益而签订的协议。在仓库出租界面下，点击【审核】，再点击【查看合同说明】，系统弹出"仓库租赁合同"。

二、揽收入库

1. 工作描述

揽收入库是指将托运方或者承租方的货物入库到指定仓库，以便为后续的运输或仓储服务做准备。

2. 工作指引

点击菜单【揽收入库】，查看已经到达货物，如图10-10所示。点击【揽收入库】按钮，进入图10-11所示界面，进行确认揽收。注意：揽收入库需要在托运方或承租方将货物出库后，物流公司方可进行揽收入库查询。

编号	发货机构	发货市场	收货机构	收货市场	货物类型	货物名称	数量	总重量(kg)	运费	提交时间（虚拟）	揽收时间（虚拟）	状态	操作
70	供应公司02	西部市场	制造公司02	西部市场	原材料	音乐模块	300	60	9.60	2019-03-02	2019-03-02	已揽收	查看
71	供应公司02	西部市场	制造公司02	西部市场	原材料	遥控模块	300	150	24.00	2019-03-02	2019-03-02	已揽收	查看
15	制造公司02	西部市场	商贸公司01	东部市场	成品	经济型童车	1	13.1	15.72	2020-03-28	--	未揽收	揽收入库

图10-10 揽收入库

图 10-11　揽收确认

三、发运出库

1. 工作描述

发运出库是指托运方或承租方的货物出库。如果发运出库后直接安排车辆，则发运出库为直接发运模式，在该模式下无需进行【物流管理】中的运输计划安排。如需进行物流计划发运货物，需通过【物流管理】中的【配载发运】进行操作。

2. 工作指引

点击【物流管理】下的二级菜单【发运出库】，进入发运出库主界面，如图 10-12 所示。在订单列表中，可根据订单的状态查看订单的发运情况，如显示为已发运状态，点击【查看】按钮，可查看订单情况；如显示为未发运，点击【发运】按钮可进行发运操作，如图 10-13 所示。

发货机构	发货市场	收货机构	收货市场	货物类型	货物名称	数量	总重量(kg)	运费	揽收时间（虚拟）	状态	操作
供应公司02	西部市场	制造公司01	东部市场	原材料	电源适配器	150	45	54.00	2019-01-02	✔已发运	🔍查看
供应公司02	西部市场	制造公司01	东部市场	原材料	音乐模块	150	30	36.00	2019-01-02	✔已发运	🔍查看
供应公司02	西部市场	制造公司01	东部市场	原材料	遥控模块	150	75	90.00	2019-01-02	✔已发运	🔍查看
供应公司02	西部市场	制造公司01	东部市场	原材料	车身	1	10	12.00	2019-01-02	✘未发运	🚚发运
制造公司01	东部市场	商贸公司01	东部市场	成品	经济型童车	100	1310	209.60	2019-03-02	✔已发运	🔍查看

图 10-12　发运出库主界面

图 10 – 13 发运操作

四、库存台账查询

1. 工作描述

库存台账查询就是对仓库里储存的原材料和产成品进行查询,以了解仓库的库存情况。

2. 工作指引

点击【库存台账】菜单后可以根据公司名称进行查询,也可以根据货物名称进行查询,分别如图 10 – 14、图 10 – 15 所示。

编号	仓库名称	存货名称	存货数量	存货单价
111	H仓库	车身	550	100.00
112	H仓库	车轮	2200	5.00
113	H仓库	电机	550	20.00
114	H仓库	电池	550	30.00
115	H仓库	电源适配器	550	30.00
116	H仓库	音乐模块	550	60.00
117	H仓库	遥控模块	550	120.00

图 10 – 14 仓库库存查询

摘要			期初库存		期间入库合计		期间出库合计		期末库存	
存货名称	净重	数量	总金额	数量	总金额	数量	总金额	数量	总金额
车身	10	0	¥0.00	1000	¥100,000.00	450	¥45,000.00	550	¥55,000.00
车轮	0.5	0	¥0.00	4000	¥20,000.00	1800	¥9,000.00	2200	¥11,000.00
电机	0.5	0	¥0.00	1000	¥20,000.00	450	¥10,500.00	550	¥11,000.00
电池	0.3	0	¥0.00	1000	¥30,000.00	450	¥15,000.00	550	¥16,500.00
电源适配器	0.3	0	¥0.00	1000	¥30,000.00	450	¥16,500.00	550	¥16,500.00

图 10－15　按公司查询

五、固定资产管理

1. 工作描述

物流公司的固定资产包括办公楼、仓库、车辆等，操作的类型包括购买和租赁两种。

2. 工作指引

（1）点击【固定资产采购】菜单，进入如图 10－16 所示的资产采购操作界面。

编号	机构名称	交易类型	实习时间（虚拟）	状态	创建时间	操作
297	物流公司01	购买	2019-07-02	✓已完成	2018-01-31 10:39:06	●查看
283	物流公司01	购买	2018-01-02	✓已完成	2018-01-26 11:48:31	●查看

图 10－16　固定资产采购

（2）根据需要，点击图 10－16 中的【购买】或者【租赁】按钮，进入对应操作界面，如图 10－17、图 10－18 所示。

（3）点击【购买】按钮，即进入图 10－17 所示的固定资产采购操作界面，点击【新增】按钮，则可以根据需要选择相应的固定资产，并支付相应款项。注意：如果购买的是运输车辆，则默认车辆买回来停在公司总部所在地。

图 10-17　购买固定资产

（4）点击【租赁】按钮，进入图 10-18 所示操作界面，点击【新增】按钮，则可租赁对应资产，并支付租金。

图 10-18　租赁固定资产

项目三　运输调度管理

一、车辆管理

1. 工作描述

车辆管理是根据运输需求将物流公司所有的车辆安排到运输计划中的操作。添加车辆信息，可在运输计划中使用该汽车进行运输。

2. 工作指引

点击【运输管理】菜单下的二级菜单【车辆管理】，进入图 10-19 所示操作界面，点击【新增】按钮，可新增车辆到本次运输排班计划中。

图 10-19 新增运输排班车辆

二、制定运输计划

1. 工作描述

运输计划就是根据客户的运输需求合理安排运输车辆，规划运输路线，以实现既满足客户运输需求，又节约运输成本的目的。在实训中，运输排班的基本规则如表 10-3 和表 10-4 所示。

表 10-3 各运输线路耗费时间表   单位：天

	东	西	南	北
东	2	5	4	4
西	5	2	4	4
南	4	4	2	5
北	4	4	5	2

表 10-4 卡车运力表

车型	载重（kg）
卡车 A	5 000
卡车 B	10 000

注：由于在实训中运输物品不属于轻泡类产品，所以不考类车辆的体积限制，只考虑重量限制。

运输计划每月排一次，每辆卡车每月运输安排时间最大为 27 天；每一辆添加到运输计划的卡车均可制作运输计划。只要车辆选择的路线不超过 27 天，则车辆的运输路线计划都是可行的，否则不可行，系统提示无法保存。如某卡车 A001，规划的运输路线为东→西→南→北，则耗费的时间为 5+4+5=14 天，可行，但未完全利用车辆的运输能力，可以增加运输路线。如卡车 A002，路线为东→西→南→北→北→西→东→西，则耗费的时间为 5+4+5+2+4+5+5=30 天，超出最大可利用时间，需要缩短运输路线。

2. 工作指引

(1) 点击【运输计划】菜单，查看可供排班的车辆信息，如图 10－20 所示。

图 10－20　查看可用于运输的车辆

(2) 点击菜单【制定运输计划】，添加运输计划。要根据运输需求为每辆运输车辆安排运输路线。在配载发运前，运输计划可随时进行删除、修改操作，如图 10－21 所示。

图 10－21　制定运输计划

在制定运输计划过程中，点击右侧运输需求，可查看物流订单的需求情况，如图 10－22 所示。

运输需求(点击查看)					
序号	起运点	到货点	揽收重量(kg)	已计划重量(kg)	未计划重量(kg)
1	东部市场	东部市场	0	0	0
2	东部市场	西部市场	0	0	0
3	东部市场	南部市场	0	0	0
4	东部市场	北部市场	0	0	0
5	西部市场	东部市场	0	5000	0
6	西部市场	西部市场	0	0	0
7	西部市场	南部市场	0	0	0
8	西部市场	北部市场	0	0	0
9	南部市场	东部市场	0	0	0
10	南部市场	西部市场	0	0	0
11	南部市场	南部市场	0	0	0

图 10-22 运输需求列表

制定运输计划过程中需要注意车辆的运载能力与运输需求的匹配。如果某个方向上，运输需求超过运输计划中车辆的运载能力总量，则下一步的配载发运会提示不成功。例如在运输需求中，有 3 笔东→西的成品运输需求，重量分别为 4 000kg、3 000kg、9 000kg，而安排的运输车辆只有卡车 A 和卡车 B 各一辆，则运输需求是 4 000 + 3 000 + 9 000 = 16 000kg，而车辆运载能力只有 5 000 + 10 000 = 15 000kg，则后续会出现无法配载的情况。

3. 知识链接

运输路线优化是指在满足客户需求的前提下，通过合理规划车辆运行路线，达到节约物流成本、提高物流运输效率的目的。

运输路径优化的基本目标有两个：运输费用最小；运输时间最短。常用的运输路径优化方法有：节约里程法、最短路径法、图上作业法、表上作业法，详细可以参考"运输管理"的相关教材。

三、配载发运

1. 工作描述

配载发运就是在运输计划安排好以后，将货运配载到车辆上，发运到指定目的地。配载发运后，不能再进行货物揽收及发运操作，所以必须在确定所有订单揽收完成后再发运。

2. 工作指引

(1) 点击【物流管理】菜单下的【配载发运】菜单，可以开始进行配载发运操作，界面如图 10-23 所示。

配载发运				
实训时间	实施状态	实施人	实施时间	操作
2018-01-02	✔已实施	xuni0030	2018-02-01 18:28:05	查看
2018-02-02	✘未实施	-	-	
2018-03-02	✘未实施	-	-	
2018-04-02	✘未实施	-	-	发运

图 10 – 23　配载发运任务查看

（2）点击【发运】，进入发运界面，如图 10 – 24 所示。如果所有运输线路都显示可行，则可以直接发运；如果某个线路的运输订单量超过运载能力，提示不可行，无法进行发运，需要重新安排运输计划。

实训时间　2018-01-02

序号	起运点	到货点	运输能力(kg)	运输订单量(kg)	是否可行
1	东部市场	东部市场	0	0	是
2	东部市场	西部市场	80000	0	是
3	东部市场	南部市场	0	0	是
4	东部市场	北部市场	0	0	是
5	西部市场	东部市场	55000	52400	是
6	西部市场	西部市场	25000	23200	是
7	西部市场	南部市场	0	0	是
8	西部市场	北部市场	0	0	是
15	北部市场	南部市场	0	0	是
16	北部市场	北部市场	0	0	是
合计				5000	

说明：每个月只能执行一次运输计划，且只能月初执行，每条线路的运输订单量不能大于运输能力。当前市场油价为 6.5(元/每升)
卡车A过路费为 1(元/公里)，油耗费 0.15(升/公里)，总距离 2000千米，总费用为3950元
卡车B过路费为 1.8(元/公里)，油耗费 0.2(升/公里)，总距离 0千米，总费用为0元
合计费用为 3950元

提交

图 10 – 24　配载发运

模块十一
人才交流中心运营

在虚拟商业环境综合实训平台中,人才交流中心成员登录人才交流中心首页,如图11-1所示。左上角为操作人员的姓名、部门和职位,正中上方为虚拟时间,右上角为公共菜单栏和退出菜单,右下角为操作菜单;蓝色菜单表示本岗位具有该菜单的操作权限,灰色菜单表示本岗位没有该菜单的操作权限。

图11-1 人才交流中心首页

在图11-1中,把光标指向蓝色的菜单,可以查阅每个菜单的功能,点击任意蓝色菜单跳转到工作界面,如图11-2所示。

图11-2 人才交流中心工作界面

在虚拟商业环境综合平台中，人才交流中心各部门的功能模块和职责对照如表11-1所示。

表11-1 人才交流中心各部门的功能模块和职责对照

部门	操作角色	功能模块		规则说明
		一级菜单	二级菜单	
招聘业务部	招聘业务部主管	人才招聘	招聘计划	审核企业招聘订单并派遣员工
			招聘执行	查看企业招聘信息
培训业务部	培训业务部主管	人才培训	培训计划	审核企业员工培训计划并组织培训
			培训执行	完成培训操作
其他	中心主任	全部		总经理可操作所有功能模块

项目一 招聘业务部运营

一、审核招聘计划

1. 工作描述

人才交流中心需提前三个月通过首页的【信息中心】按钮，点击【组织发件箱】，发布各组织每个岗位可以招聘的最大人数限制。各组织根据人才供应信息，结合本组织的人才需求计划，向人才交流中心提交招聘申请，人才交流中心收到申请一个月后给予审核，并派遣人员。

2. 工作指引

在人才交流中心工作界面，点击【人才招聘】的二级菜单【招聘计划】，弹出框图如图11-3所示。点击右侧操作栏的【审核】按钮进入审核界面，查看招聘人数是否超过市场平均供应人数，点击【确定】按钮，如图11-4所示。企业提交的人才招聘申请，如果要求人员马上到岗，表示他们急需人才，按照规则，在企业提交申请一个月后，人才交流中心才能进行订单审核，审核通过后，招聘人员可到岗。

编号	招聘标题	招聘机构	总费用	申请时间(虚拟)	预期到岗时间(虚拟)	创建时间	操作
191	又招聘了	制造公司01	600	2018-12-28	2018-12-28	2018-01-26 11:39:34	审核
197	zzz	商贸公司01	6000	2018-12-28	2018-12-28	2018-01-26 12:01:20	审核
214	z	制造公司02	600	2019-03-02	2019-03-02	2018-01-27 15:53:43	审核

图11-3 招聘计划

图 11-4　审核招聘计划

3. 知识链接

制造公司的初级工人没有招聘上限，其他岗位的人员会受市场人才供给数量的限制，人才交流中心进行人员分配时，首先满足申请人数等于或少于市场平均供给人数的组织，如果月末某些岗位有公司弃权，该岗位供应人员有剩余时，可以按照招聘计划提交的先后顺序派遣给其他公司。

二、查询招聘执行情况

1. 工作描述

人才交流中心可以查询招聘执行情况。

2. 工作指引

在人才交流中心工作界面，点击【人才招聘】的二级菜单【招聘执行】，可查看招聘执行情况，如图 11-5 所示。可以输入招聘的时间区间查询招聘信息。直接点击【招聘标题】可查看详情。

编号	招聘标题	招聘机构	总费用	申请时间(虚拟)	预期到岗时间(虚拟)	实际到岗时间(虚拟)	创建时间
182	【制造公司01】机构开业人员招聘	制造公司01	4200	2018-01-02	2018-01-02	2018-01-02	2018-01-12 10:04:47
183	【商贸公司01】机构开业人员招聘	商贸公司01	3000	2018-01-02	2018-01-02	2018-01-02	2018-01-12 10:16:05
184	【商贸公司02】机构开业人员招聘	商贸公司02	3000	2018-01-02	2018-01-02	2018-01-02	2018-01-12 10:16:11
185	【商贸公司03】机构开业人员招聘	商贸公司03	3000	2018-01-02	2018-01-02	2018-01-02	2018-01-12 10:17:03
186	【商贸公司04】机构开业人员招聘	商贸公司04	3000	2018-01-02	2018-01-02	2018-01-02	2018-01-12 10:17:10

图 11-5　查询招聘执行情况

3. 知识链接

查询招聘信息了解各组织的招聘需求情况，以便更好地制定人才供应计划。工作中，为了更好地帮助相关组织掌握招聘信息，也需要查询招聘执行详情。

项目二　培训业务部运营

一、审核培训计划

1. 工作描述

培训工作主要面向制造公司工人的升级培训，初级工人培训后可以晋升为中级工人，中级工人培训后可以晋升为高级工人。

2. 工作指引

在人才交流中心工作界面，点击【人才培训】的二级菜单【培训计划】，弹出框图如图11-6所示。选择培训项目后点击右侧的操作栏【组织培训】，弹出对话框开始进行培训操作，核对信息无误后，点击【开始培训】。

编号	发起机构	培训标题	培训人员	总费用（元）	计划培训周期（虚拟）	发起时间（虚拟）	创建时间	状态	操作
30	制造公司01	培训	初级工人（128人）	51200	2019-07-02 至 2019-08-02	2019-07-02	2018-01-30 11:02:21	未开始	组织培训
31	制造公司01	100000	初级工人（100000人）	40000000	2019-07-02 至 2019-08-02	2019-07-02	2018-01-30 11:02:38	未开始	组织培训
36	制造公司02	d	中级工人（2人）	1600	2020-03-28 至 2020-04-28	2020-03-28	2018-03-14 18:01:52	未开始	组织培训

图11-6　审核培训计划

3. 知识链接

培训分为脱产培训和在职培训，因为在职培训在制造公司进行，人才交流中心需要派遣培训师到制造公司，需要额外承担差旅费、食宿费等，所以在职培训的收费比脱产培训的收费高。

二、培训实施

1. 工作描述

培训时间一般为一个月，培训时间结束之后，人才交流中心确定完成培训，制造公司的工人可以晋级。

2. 工作指引

在人才交流中心工作界面，点击【人才培训】的二级菜单【培训实施】，弹出框图如图11-7所示，查看培训状态，分别为"正在培训"和"已完成"。如果培训时间已到，操作栏显示【完成培训】按钮，点击该按钮即可完成培训。

编号	发起机构	培训标题	培训人员	总费用（元）	实际培训周期（虚拟）	发起时间（虚拟）	创建时间	状态	操作
32	制造公司03	001	初级工人（30人）	12000	2018-03-02 至 2018-03-02	2018-03-02	2018-02-02 15:46:14	已完成	—
33	制造公司01	165	初级工人（20人）	8000	2018-03-02 至 2018-03-02	2018-03-02	2018-02-02 16:05:09	已完成	—

图11-7 培训实施

3. 知识链接

只有培训时间到了，才会显示【完成培训】按钮。

项目三　人才外包服务

一、外包管理

1. 工作描述

当市场的人才供应不能满足企业的招聘要求时，人才交流中心可以为企业提供人才外包服务，按月收取一定服务费。

2. 工作指引

在人才交流中心工作界面，点击【人才外包】的二级菜单【外包计划】，弹出框图如图11-8所示，可以按照时间区间查询企业的人才外包计划。点击右侧操作栏的【审核】按钮，审核批准企业的外包申请，如图11-9所示。点击"外包标题"可查看外包详情。

编号	外包标题	外包机构	总费用	申请时间(虚拟)	预期到岗时间(虚拟)	创建时间	操作
10	dd	制造公司02	280	2020-03-28	2020-03-28	2018-03-14 17:40:28	审核

图11-8 外包计划

图 11-9 审核外包申请

3. 知识链接

人才交流中心的人才外包服务是根据企业的申请，提供满足企业岗位要求的人才到企业工作，企业在支付该岗位人员的工资外，每月还应支付给人才交流中心一定比例的服务费。

二、查询人才外包执行情况

1. 工作描述

人才交流中心可以查询人才外包的执行情况。

2. 工作指引

在工作界面点击【人才外包】的二级菜单【外包执行】，弹出框图如图 11-10 所示，可以按照时间区间查询已执行的外包信息，点击"标题"可查看招聘详情。

图 11-10 查询人才外包执行情况

3. 知识链接

查询人才外包执行情况，跟进各经营性组织人才外包的人员数量，以便跟进应收的人才外包服务费。

第三篇
综合训练篇

第三篇

綜合技術論

模块十二
人事管理

项目一 人员招聘

一、工作描述

人员招聘是为了满足企业的人力资源需求。

二、工作指引

在工作界面,点击【人事管理】下拉菜单【人员招聘】,弹出框图如图 12-1 所示。点击左上角的【新增】按钮,进入人才招聘申请页面。点击【添加】,添加需要招聘的人员,填写需招聘人员数量、招聘标题和预期到岗时间,如图 12-2 所示。点击【申请】按钮,发送到人才交流中心。提交的申请需要人才交流中心审核,人才交流中心在提交申请一个月后才可进行审核,审核通过后人员到岗。

编号	招聘标题	总费用	申请时间(虚拟)	预期到岗时间(虚拟)	状态	创建时间	操作
182	【制造公司01】机构开业人员招聘	4200	2018-01-02	2018-01-02	已审核	2018-01-12 10:04:47	—
189	20180126招聘	1800	—	2018-11-02	已保存	2018-01-26 11:20:28	删除
190	20180126招聘2	1200	2018-11-02	2018-11-02	已审核	2018-01-26 11:20:54	—
191	又招聘了	600	2018-12-28	2018-12-28	已申请	2018-01-26 11:39:34	—

图 12-1 人员招聘

图 12-2 人才招聘申请

3. 知识链接

人员招聘是组织及时寻找、吸引并鼓励符合要求的人到本组织任职和工作的过程，是组织运作中的一个重要环节。

项目二　人员外包

1. 工作描述

人员外包是指经营性公司委托专业公司派出人员到委托方工作，以解决人力资源不足的问题，并由委托方支付服务费的一种服务模式。

2. 工作指引

点击【人事管理】下拉菜单中的【人员外包】，弹出框图如图 12-3 所示。点击【新增】按钮，可进入人员外包申请界面，如图 12-4 所示。点击【添加】，选择岗位名称、数量，点击【申请】，人员外包申请即会发送到人才交流中心。

图 12-3 人员外包

图 12-4　人员外包申请

3. 知识链接

外包是一个战略管理模型,为了解决组织人力不足的困境,可将组织的非核心业务委托给外部的专业公司,以降低营运成本,提高品质,集中人力资源,提高顾客满意度。外包业是新近兴起的一个行业,它给企业带来了新的活力。

项目三　人员培训

一、工作描述

企业为开展业务及培育人才的需要,会采用各种方式对员工进行有目的、有计划的培养和训练。在虚拟商业环境中,人员培训主要面向制造公司的生产工人,分为脱产培训和在产培训。

二、工作指引

1. 脱产培训

点击【人事管理】下拉菜单的【人员培训】选项,点击【新增】按钮,如图 12-5 所示,可新增人员培训信息。填写招聘信息,如图 12-6 所示,点击【保存并发送】,培训信息会发往人才交流中心。

人才交流中心接收信息后,会审批、组织培训,人员培训状态会改变。状态包括已完成、正在培训、已发送。

图 12-5 人员培训

图 12-6 新增人员培训

2. 在产培训

点击【人事管理】下拉菜单中的【在产培训】，如图 12-7 所示，可根据搜索框图查询在产培训信息。当生产排程中需要进行在产培训时，则由生产管理部门在生产排程中选择在产培训，由人力资源部进行在产培训审核后发送到人才交流中心。

图 12-7 在产培训

3. 知识链接

员工培训按内容来划分，可以分为两种：员工技能培训和员工素质培训。

（1）员工技能培训：是企业针对岗位的需求，对员工进行的岗位能力培训。
（2）员工素质培训：是企业针对员工素质方面的要求（主要有心理素质、个人工作态度、工作习惯等）进行的素质培训。

在虚拟商业环境中，培训主要是针对生产工人的技能培训。

项目四 薪资社保管理

1. 工作描述

在虚拟商业环境中，组织的人事部门应每月核算员工薪酬，具体包括薪资、社保和住房公积金等。

2. 工作指引

在工作界面中，点击【人事管理】下拉菜单的【薪资社保】，如图12-8所示。选择当前月份，点击右侧操作栏的【结算】按钮，弹出薪资结算表，按照人员填写应发工资、个人和公司应交的社保、个人和公司应交的住房公积金、个人实发工资和个人应交所得税等信息，填写无误后点击【结算】按钮。如填写数据正确，可进入结算界面，进行结算。人事部门如果无法正确填写，可直接点击【购买数据】购买所需填写的数据，如图12-9所示，购买数据后，点击结算，便可结算当月薪资社保。结算后，点击

图12-8 薪资社保

图12-9 薪资结算

【查看】按钮，可查看已经结算薪资详情。

3. 知识链接

薪酬是指员工向其所在单位提供所需要的劳动而获得的各种形式的补偿，是单位支付给员工的劳动报酬。薪酬通常分为直接货币薪酬、间接货币薪酬。其中直接货币薪酬包括工资、福利、奖金、奖品、津贴等；间接货币薪酬包括养老保险、医疗保险、失业保险、工伤及遗属保险、住房公积金、餐饮等。

项目五　人事档案管理

1. 工作描述

人事档案管理就是人事档案的收集、整理、保管、鉴定、统计和提供利用的活动。在虚拟商业环境中，通过查询员工档案，可以掌握企业员工信息，包括员工编号、员工姓名、员工岗位、薪酬、入职途径、入职时间等信息。

2. 工作指引

在工作界面，点击【人事管理】下拉菜单的【档案管理】，可以查看企业的全体员工资料，如图12-10所示，可根据员工岗位、员工名称查询。

编号	员工名称	员工岗位	员工薪资	入职途径	入职时间（虚拟）	操作
4892	初级工人	初级工人	2800	招聘	2019-07-02	—
4858	初级工人	初级工人	2800	招聘	2018-12-28	—
4857	初级工人	初级工人	2800	招聘	2018-12-28	—
4823	工程师	工程师	6000	招聘	2018-01-02	—

图12-10　档案管理

3. 知识链接

人事档案是在人事管理活动中形成的，记述和反映个人经历和德才表现，以个人为单位组合起来，以备考察的文件材料。人事档案主要是由人事、组织、劳资等部门在培养、选拔和使用人员的工作活动中形成的，是个人经历、学历、社会关系、思想品德、业务能力、工作状况以及奖励处罚等方面的原始记录。

模块十三
财务管理

在虚拟商业环境综合实训平台中,财务管理各功能模块和操作如表13-1所示。

表13-1 财务管理各功能模块和操作

功能模块	操作内容
应收款管理	应收款项查询
应付款管理	应付款项查询
发票管理	发票情况查询
银行贷款	银行贷款业务办理
工资发放	审核发放工资
营业费用	营业费用结算
纳税申报	企业纳税申报
资产管理	资产状况及资产折旧
财务报表	资产负债表、利润表及成本核算表

项目一 往来款项管理

往来款项是指企业在生产经营过程中发生的各种应收、应付款项及预收、预付款项。根据《会计法》《企业会计制度》等相关法律法规的规定,企业在经营过程中,需加强往来款项的管理,提高资金使用水平,及时清理不合理的资金占用,保护企业资产的安全、完整。

一、工作描述

1. 往来款项的分类

往来款项主要包括应收及预付款项、应付及预收款项。应收及预付款项主要是指企业在生产经营过程中发生的各项债权,包括应收票据、应收账款、预付账款和其他应收账款。

2. 往来款项的管理

所有往来账均以每一往来单位或个人设置二级科目进行明细核算,正确使用会计科目,做到记账清楚、余额准确、账表相符,每月终了列出分户清单,并及时提供给有关部门组织清收或及时报账清算。

二、工作指引

1. 应收账款管理

在应收款管理中,可看到公司的所有应收款订单列表,根据应收款状态,可进行查看和催款操作。

(1) 应收账款查询。

在工作界面,点击【财务管理】下拉菜单【应收款管理】,可查看企业机构的应收款列表。可以根据付款机构、申请时间查询应收款项。点击【查看】,可查看应收款详情,如图 13-1 所示。

图 13-1 应收账款查询

(2) 应收账款的催收。

收款状态为未收款的订单,可点击界面右侧操作栏中的【催款】按钮,对订单进行催款操作,如图 13-2 所示。

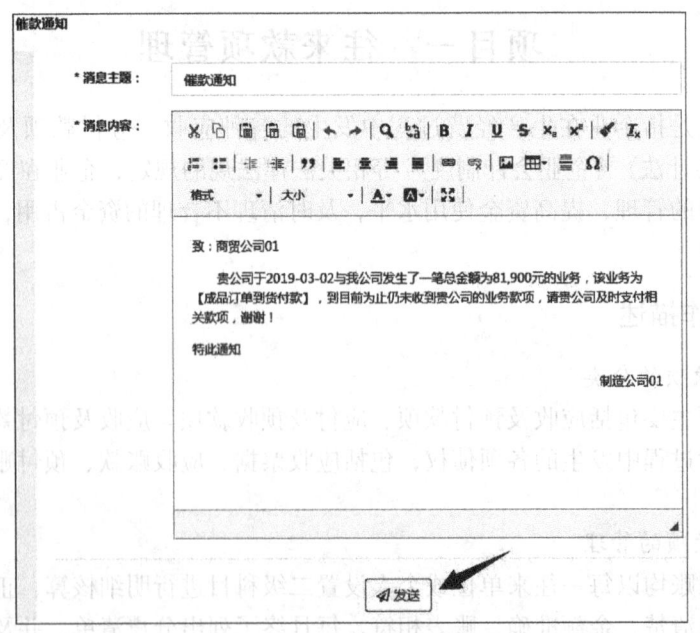

图 13-2 应收账款的催收

2. 应付账款管理

（1）应付账款查询。

点击【财务管理】中的【应付款管理】，可查看企业的应付款订单列表。可根据收款机构以及申请时间查看订单，也可根据收款机构、申请时间查询应付款信息，如图13-3所示。

图13-3 应付账款查询

（2）应付账款的支付

在应付款订单操作部分，可根据付款状态进行操作，如付款状态为未付款，可点击订单右侧的操作栏中的【付款】按钮，进入付款界面进行【核对完毕付款】操作，完成应付账款的支付，如图13-4所示。

图13-4 应付账款支付

3. 知识链接

应收账款是企业因销售商品或提供劳务而形成的债权。企业要对应收账款的账龄进行分析监督，债权超过一年有发生坏账的可能，应提醒、督促责任部门及时清理；对超过法律诉讼期限（二年）的往来账款，未能及时清理或处理的，经办人、财务部领导及分管领导都应承担责任，造成重大损失者应加重处罚。

项目二　发票管理

发票，是指在购销商品、提供或者接受服务以及从事其他经营活动中，开具、收取的收付款项凭证。现行税制发票分为普通发票和增值税专用发票两大类。普通发票是指增值税专用发票以外的纳税人使用的其他发票。根据《中华人民共和国发票管理办法》规定，销售商品、提供服务以及从事其他经营活动的单位和个人，对外发生经营业务收取款项，收款方应当向付款方开具发票。特殊情况下，由付款方向收款方开具发票。

一、工作描述

所有单位和从事生产、经营活动的个人在购买商品、接受服务以及从事其他经营活动支付款项时，应当向收款方取得发票。取得发票时，不得要求变更品名和金额。不符合规定的发票，不得作为财务报销凭证，任何单位和个人有权拒收。

财务人员要及时查看交易生成的电子发票，审核税率及发票种类使用是否正确。在虚拟商业环境综合运营中，适用税率及发票种类请参考第一篇《模块二　虚拟商业环境仿真规则》的表2-5。

二、工作指引

发票管理包括已收发票管理和已开发票管理。

1. 已收发票

点击【财务管理】中的【发票管理】，可进入发票管理界面。点击发票管理界面左侧的【已收发票】，再点击【查看】按钮，可对该项中的进行查看操作，如图13-5所示。

图13-5　已收发票查询

2. 已开发票

点击发票管理界面左侧的【已开发票】，再点击【查看】按钮，可对该项中的电子发票进行查看操作，如图13-6所示。

图 13 – 6　已开发票查询

3．知识链接

1）增值税专用发票的使用与管理

（1）专用发票的使用联次。

专用发票是增值税一般纳税人销售货物或者提供应税劳务而开具的发票，是购买方支付的增值税额，并可按照增值税有关规定以抵扣增值税进项税额的凭证。专用发票由基本联次或者基本联次附加其他联次构成。目前，我国采用增值税防伪税控开票系统填开专用发票，其基本联次分为抵扣联、发票联、记账联三联。

第一联为抵扣联，作为购买方报送主管税务机关认证和留存备查的凭证，购买方通过此联经税务机关认证后进行抵扣进项税额。

第二联为发票联，作为购买方核算采购成本和增值税进项税额的记账凭证。

第三联为记账联，作为销售方核算销售收入和增值税销项税额的记账凭证。

（2）专用发票领购使用范围。

一般纳税人凭发票领购簿、IC 卡和经办人身份证领购专用发票。一般纳税人有下列情形之一的，不得领购使用专用发票：

①会计核算不健全，即不能按会计制度和税务机关的要求准确核算增值税的销项税额、进项税额和应纳税额者。

②不能向税务机关准确提供增值税销项税额、进项税额、应纳税额数据及其他有关增值税税务资料者。上述其他有关增值税税务资料的内容，由国家税务总局直属分局确定。

③有以下行为，经税务机关责令限期改正而仍未改正者：

a. 私自印制专用发票；

b. 向个人或税务机关以外的单位买取专用发票；

c. 借用他人专用发票；

d. 向他人提供虚开的专用发票；

e. 未按规定要求开具专用发票；

f. 未按规定保管专用发票；

g. 未按本规定申报专用发票的购、用、存情况；

h. 未按规定接受税务机关检查。

④销售的货物全部属于免税项目者。

有上列情形的一般纳税人如已领购使用专用发票，税务机关应收缴其结存的专用发票。

（3）专用发票开具要求：

①项目齐全，与实际交易相符；

②字迹清晰，不得涂改、压线、错格；

③发票联和抵扣联加盖发票专用章；

④按照规定的时限开具专用发票。

（4）不得开具增值税发票的情形：

①向消费者个人销售货物或者提供应税劳务的；

②销售货物或者提供应税劳务适用免税规定的；

③小规模纳税人销售货物或者提供应税劳务的。

2）增值税普通发票的使用与管理

（1）普通发票的使用范围。

普通发票在所有的经营活动中都可以使用，而增值税专用发票仅限于增值税一般纳税人在销售货物和提供加工、修理修配劳务时使用。

（2）票面记载的内容。

普通发票记载的内容主要是交易数量、含税价格、含税交易额等，增值税专用发票记载的主要内容是交易数量、不含税价格、不含税交易额、增值税税额等。

（3）普通发票的使用联次。

增值税普通发票的格式、字体、栏次、内容与增值税专用发票完全一致，按发票联次分为两联票和五联票两种。基本联次为两联，第一联为记账联，销货方用作记账凭证；第二联为发票联，购货方用作记账凭证。此外，为满足部分纳税人的需要，在基本联次后添加了三联的附加联次，即五联票，供企业选择使用。

项目三　银行贷款管理

银行贷款是指银行根据该银行所在国家政策，以一定的利率将资金贷放给有资金需求的个人或企业，并约定期限归还的一种经济行为。

一、工作描述

1. 贷款期限

企业在生产经营过程中可以根据需要向银行或者其他金融机构按照规定利率和期限提出贷款申请，银行贷款的额度、利率等由商业银行确定。

2. 贷款业务流程

（1）贷款申请。

企业向银行提出资金贷款申请，主要提供的资料有：营业执照；法定代表人身份证明；经财政部门或会计（审计）师事务所核准的前三个年度及上个月的财务报表和审计报告；税务部门年检合格的税务登记证明；公司合同或章程；企业成员和主要负责人、财务负责人名单和签字样本等;担保人相关材料;虚拟商业环境综合运营中要求提供的其他资料。

(2) 签订合同。

如银行进行调查和审批后认为可行,则银行与企业签订借款合同和担保合同等文件。

(3) 落实担保。

银行与企业签订借款合同后,需进一步落实第三方保证、抵押、质押等担保措施,并办理有关担保登记、公证或抵押物保险、质物交存银行等手续。

(4) 贷款获取。

企业办妥发放贷款前的有关手续,借款合同即生效,银行即可向企业发放贷款,企业可按照合同规定用途支用贷款。

(5) 还款。

企业按合同约定方式偿还贷款,并清算利息。

3. 注意事项

贷款申请过程中,要根据要求核算企业的固定资产、所有者权益等账面金额,贷款金额不要超过最高限额。企业会计每个季度要及时核算交付银行的贷款利息。

二、工作指引

虚拟商业环境综合运营中,银行贷款分为短期贷款、长期贷款。

1. 短期贷款

(1) 进入贷款申请界面。

在系统界面左侧列有长期贷款和短期贷款,点击【短期贷款】,然后点击【申请贷款】按钮,可进入申请界面,如图13-7所示。

图13-7 企业短期贷款申请

(2) 申请短期贷款。

填写贷款期限、金额、申请说明后,点击【申请】,如图13-8所示。

图 13-8　申请短期贷款

2. 长期贷款

（1）进入贷款申请界面。

在系统界面左侧列有长期贷款和短期贷款，点击【长期贷款】，然后点击【申请贷款】按钮，可进入申请界面，如图 13-7 所示。

（2）申请长期贷款。

填写贷款期限、金额、申请说明后，点击【申请】，如图 13-9 所示。

图 13-9　申请长期贷款

3. 知识链接

企业贷款是指企业为了生产经营的需要，向银行或其他金融机构借取的、按照规定利率和期限归还本金及利息的一种借款方式。贷款主要有如下种类：

1）信用贷款和担保贷款

（1）信用贷款是指以借款人的信誉发放的贷款。

（2）担保贷款又分为保证贷款、抵押贷款和质押贷款。

①保证贷款是指按《中华人民共和国担保法》规定的保证方式，以第三人承诺在

借款人不能偿还贷款时，按约定承担一般保证责任或者连带责任而发放的贷款。

②抵押贷款是指按《中华人民共和国担保法》规定的抵押方式，以借款人或第三人的财产作为抵押物发放的贷款。

③质押贷款是指按《中华人民共和国担保法》规定的质押方式，以借款人或第三人的动产或权利作为质物发放的贷款。

2）流动资金贷款和固定资产贷款

（1）流动资金贷款是指银行向借款人发放的用于正常生产经营资金周转或临时性资金需要的贷款。流动资金贷款按贷款期限分为短期贷款、中期贷款等。短期贷款是指期限1年（含）以内的流动资金贷款，主要用于企业正常生产经营的资金周转需求；中期贷款是指期限为1年至3年（不含1年，含3年）的流动资金贷款，主要用于企业正常生产经营中经常性的周转占用和铺底流动资金贷款。

（2）固定资产贷款是银行向借款人提供的，主要用于固定资产项目的建设、购置、改造及其相应配套设施建设的中长期贷款。

项目四　工资发放管理

一、工作描述

工资在国民经济生活中占有重要地位，它既是劳动者获得个人收入的重要来源，又是企业成本价格的主要组成部分。在虚拟商业环境运营中，各个岗位职工工资按照不同类型公司规则制定的标准定期发放并进行相关会计核算。

二、工作指引

当人力资源经理完成员工薪资社保的结算后，可在财务管理中的工资发放模块进行员工工资的核对发放操作。

（1）点击【财务管理】中的【工资管理】，进入工资发放操作。点击【工资发放】按钮，弹出如图13-10所示对话框。

图13-10　进入工资发放

（2）发放工资。点击图13-10右侧【核对发放】按钮，可进入工资核对发放页面进行操作，如图13-11所示。

序号	员工名称	所在部门	所在岗位	应发工资（元）	社保（元）	公积金（元）	小计（元）	社保（元）	公积金（元）	小计（元）	计税工资	代扣个人所得税
1	—	管理部	总经理	10000	550	1200	1,750.00	550	1200	1,750.00	8250	475
2	—	人力资源部	人力资源经理	8000	440	960	1,400.00	440	960	1,400.00	6600	310
3	—	财务部	财务经理	8000	440	960	1,400.00	440	960	1,400.00	6600	310
4	—	财务部	出纳员	4000	220	480	700.00	220	480	700.00	3300	0
5	—	销售部	销售经理	8000	440	960	1,400.00	440	960	1,400.00	6600	310
6	—	采购部	采购经理	8000	440	960	1,400.00	440	960	1,400.00	6600	310
合计				100000	5,500.00	12,000.00	17,500.00	5,500.00	12,000.00	17,500.00	82500	2,770.00

201802结算情况：当月员工实发薪资总金额为79,730.00元，当月代扣社保金总额为：11,000.00元，当月代扣公积金总额为：24,000.00元，当月代扣个人所得税为：2,770.00元，总金额合计：117,500.00元

薪资结算情况

结算操作人　学生6　　　　　　　　　结算操作时间　2018-02-02 17:37:34

核对发放

图13-11　工资的发放

3．知识链接

（1）工资与薪酬的区别

工资是指用人单位依据法律规定或与员工之间的约定，以货币形式对员工的劳动所支付的报酬（包括工资、奖金、津贴等）。薪酬是指企业为获得职工提供劳务或者解除劳务关系给予职工各种形式的报酬或赔偿，除了用人单位发给员工的工资，还有为员工缴纳的社会保险金、公积金、职工福利费、工会经费和职工教育经费等。工资只是用人单位提供给员工薪酬的一部分。

（2）工资发放的注意事项

在实际工作中，计量应付货币性职工薪酬时，国家有明确计提标准，企业应该按照规定的计提基础和计提比例计算计提标准，如"五险一金"、工会经费、职工教育经费等；企业发生的职工福利费，应当在实际发生时根据实际发生额计入当期损益或者相关资产成本。福利费通常据实列支，也就不存在余额的问题，但企业也可以先提后用。通常，企业提取的职工福利费在会计年度终了经调整后应该没有余额，但这并不意味着职工福利费不允许存在余额，在会计年度中间允许职工福利费存在余额，如企业某月提取的福利费超过当月实际支出的福利费，则职工福利费就存在余额。

项目五　营业费用管理

在实际操作中，广义的营业费用是指企业在生产经营过程中的支持消耗或负债的承诺，包括企业各种费用和损失。狭义的营业费用仅指与当期营业收入直接配比的耗费。

一、工作描述

在虚拟商业环境运营中对企业的费用核算进行了简化，企业各种费用和损失按照第一篇《模块二　虚拟商业环境仿真规则》中表2-2的标准进行核算。

（1）商贸公司、制造公司、供应公司、物流公司在开业时需要支付招聘费用和固定资产购置费用。

（2）在行政服务中心，工商局的市场监控模块，系统根据订单合同的交货期判断该合同是否违约，如果该合同违约，可在市场监控模块找到该订单，进行处罚。违约按照合同金额的20%付违约金。如：合同金额40 000元，需支付8 000元的违约金；交付数量必须满足订单数量后才能交付订单，如无法交付订单，则为合同违约。合同违约后，缴纳违约金后，可选择继续订单或放弃订单。如继续订单，只需在订单交付模块继续交付即可，无需支付滞纳金，交付时间系统无限制，需线下强制规定延期交付期限，合同违约金缴纳至行政服务中心。

二、工作指引

1. 查询营业费用

在【财务管理】中，点击【营业费用】，可查看公司每月的营业费用情况，并进行费用结算，如图13-12所示。可以查看已结月份详情。

图13-12　营业费用查看

2. 费用结算

点击【结算】按钮，可进入结算界面，点击【提交】即可进行营业费用结算，如图13-13所示。

序号	费用项目	费用金额（元/月）	费用数量	总金额（元）
1	办公楼租金	8,000.00	0	0.00
2	办公室租金	4,000.00	0	0.00
3	厂房租金	20,000.00	0	0.00
4	手工生产线租金	1,000.00	0	0.00
5	半自动生产线租金	2,000.00	0	0.00
6	全自动生产线租金	3,000.00	0	0.00
7	总部办公费	20,000.00	1	20,000.00
8	设备维护费	3,000.00	0	0.00
9	水电费	1.00	0	0.00
10	外包人员工资	0.00	0	0.00
11	产品研发费用	80,000.00	1	80,000.00
合计	—	—	—	100,000.00

图 13-13　营业费用结算

3. 知识链接

主要参考法规索引：

企业会计准则——基本准则；

企业会计准则——应用指南；

企业产品成本核算制度；

企业内部控制应用指引第 9 号——销售业务。

项目六　纳税申报

纳税申报是指纳税人按照税法规定的期限和内容向税务机关提交有关纳税事项书面报告的法律行为，是纳税人履行纳税义务、承担法律责任的主要依据，是税务机关税收管理信息的主要来源和税务管理的一项重要制度。

一、工作描述

在虚拟商业环境运营中，企业财务人员根据规定定期进行纳税申报。纳税申报的内容主要是增值税和所得税。纳税申报时间：4 月初提交第一季度报表，7 月初提交第二季度报表，11 月初提交第三季度报表，下一年 1 月初提交年报。

二、工作指引

在财务管理中的纳税申报模块，企业可进行纳税申报。

1. 进入纳税申报

在【财务管理】中，点击【纳税申报】，进入申报页面。点击【提交】按钮，可进行纳税申报，如图13-14所示。

图13-14 纳税申报

2. 填写申报信息

点击【提交】按钮，进入纳税申报页面完成相关内容填制后进行【保存】提交。如图13-15所示。

图13-15 纳税申报提交

3. 知识链接

个人所得税标准：应发工资＝基本工资；

代扣社保＝应发工资×5.5%；

代扣公积金＝应发工资×12%；

代扣小计＝代扣社保＋代扣公积金；

计税工资＝应发工资－代扣小计；

个人所得税＝（计税工资－3 500）×适用税率；

项目七　资产管理

本项目所指的资产管理主要是固定资产的管理，主要包括资产状况和资产折旧管理。

一、工作描述

1. 固定资产的购建

每个企业开业时都需要购置固定资产，不同类型企业具体配置的固定资产可以查询规则里的列表。财务人员根据购置内容进行账务处理。

2. 固定资产付款方式

固定资产付款方式可在实训配置时进行选择，选择付款方式后，整个实训的付款方式将按照该选择进行付款。在虚拟商业环境运营中，固定资产付款有直接付款和审核付款两种方式。

（1）直接付款方式：在固定资产采购订单审核通过后直接付款。

（2）审核付款方式：在固定资产采购订单审核通过后，在财务管理中的应付款管理中，可找到该订单并进行付款。

除三种生产线以外的其他固定资产，均在固定资产采购订单审核通过后直接到位，生产线需要一个月的周期才能投入生产。

3. 固定资产折旧

在虚拟商业环境运营中，固定资产折旧采用年限平均法按月计提。折旧年限和月折旧额按第一篇《模块二　虚拟商业环境仿真规则》中表 2-7 列示标准计提。

二、工作指引

在虚拟商业环境运营中，资产管理包括资产状况查询和固定资产折旧。系统可根据资产时间对资产状况进行查询。

1. 进入资产管理界面

在财务管理模块中，点击【资产管理】，进入资产管理界面，如图 13-16 所示。

图 13-16　资产管理界面

2. 资产状况查询

点击资产管理界面【资产状况】，可以根据资产购置时间段查询，如图 13-17 所示。

图 13 – 17 资产状况

3. 固定资产折旧管理

点击【资产折旧】，进入资产折旧页面，如图 13 – 18 所示。

图 13 – 18 资产折旧管理

4. 固定资产折旧计提

点击【计提折旧】按钮，可进行固定资产折旧计提操作，如图 13 – 19 所示。

图 13 – 19 固定资产计提折旧

5. 知识链接

主要参考法规索引：

企业会计准则第 4 号——固定资产；

企业会计准则——应用指南；

企业内部控制应用指引第 8 号——资产管理。

项目八 财务报表

财务报表是对企业财务状况、经营成果和现金流量的结构性表述。

一、工作描述

虚拟商业环境运营中需要编制的财务报表有资产负债表、利润表和成本核算表。

二、工作指引

在财务管理中的财务报表模块，企业可进行资产负债表、利润表、成本核算表的填写和提交操作。

1. 资产负债表

（1）在财务管理模块中点击【财务报表】，点击【资产负债表】，如图 13-20 所示。

图 13-20 进入资产负债表填制页面

（2）填制资产负债表。

在资产负债表填制页面填制完成之后点击【保存】，再点击【提交】按钮，可提交资产负债表信息，如图 13-21 所示。

资产负债表

资产	行次	期末余额	期初余额	负债与所有者权益	行次	期末余额	期初余额
流动资产				流动负债			
货币资金	1	1002	0	短期借款	16	0	0
应收账款	2	0	0	应付账款	17	0	0
预付账款	3	0	0	预收账款	18	0	0
其他应收款	4	0	0	应付职工薪酬	19	0	0
存货	5	0	0	应交税费	20	0	0
其中：原材料	6	0	0	其他应付款	21	0	0
库存商品	7	0	0	其他流动负债	22	0	0
流动资产合计	8	1002	0	流动负债合计	23	0	0
非流动资产				非流动负债			
长期投资	9	0	0	长期借款	24	0	0
固定资产原值	10	0	0	非流动负债合计	25	0	0

单位名称：制造公司01　　日期：201801　　单位：圆角分

图 13 - 21　资产负债表填制

2. 利润表

点击如图 13 - 19 所示【利润表】进入利润表填制页面，填制完成之后按【保存】，再点击【提交】按钮，可提交利润表信息，如图 13 - 22 所示。

利润表

编制单位：制造公司01　　日期：201802　　单位：圆角分

项目	行数	本月金额	本年累计金额
一、主营业务收入	1	0	
减：主营业务成本	2	0	
减：营业税金及附加	3	0	
减：销售费用	4	0	
减：管理费用	5	0	
减：财务费用	6	0	
二、营业利润	7	0	
加：营业外收入	8	0	
减：营业外支出	9	0	
其中：非流动资产处置净损失	10	0	
三、利润总额	11	0	
减：所得税	12	0	

图 13 - 22　利润表填制

3. 成本核算表

点击如图 13-19 所示【成本核算表】进入成本核算填制页面,点击【成品核算】【原材料核算】,可查看成品成本核算、原材料成本核算,如图 13-23、图 13-24 所示。

开始时间(虚拟): 2018-01-02   结束时间(虚拟): 2018-01-28

摘要				期初库存			期间入库合计			期间出库合计			期末库存		
存货名称	规格	净重	数量	单价	总金额	数量	单价	总金额	数量	单价	总金额	数量	单价	总金额		
经济型童车	130*70*50	13.1	0	¥0.00	¥0.00	0	¥0.00	¥0.00	0	¥0.00	¥0.00	0	¥0.00	¥0.00		
舒适型童车	130*70*50	13.3	0	¥0.00	¥0.00	0	¥0.00	¥0.00	0	¥0.00	¥0.00	0	¥0.00	¥0.00		
豪华型童车	130*70*50	14.3	0	¥0.00	¥0.00	0	¥0.00	¥0.00	0	¥0.00	¥0.00	0	¥0.00	¥0.00		
合计					¥0.00			¥0.00			¥0.00			¥0.00		

图 13-23 成品成本核算表

开始时间(虚拟): 2018-01-02   结束时间(虚拟): 2018-01-28

摘要		期初库存			期间入库合计			期间出库合计			期末库存		
存货名称	净重	数量	单价	总金额	数量	单价	总金额	数量	单价	总金额	数量	单价	总金额
车身	10	0	¥0.00	¥0.00	0	¥0.00	¥0.00	0	¥0.00	¥0.00	0	¥0.00	¥0.00
车轮	0.5	0	¥0.00	¥0.00	0	¥0.00	¥0.00	0	¥0.00	¥0.00	0	¥0.00	¥0.00
电机	0.5	0	¥0.00	¥0.00	0	¥0.00	¥0.00	0	¥0.00	¥0.00	0	¥0.00	¥0.00
电池	0.3	0	¥0.00	¥0.00	0	¥0.00	¥0.00	0	¥0.00	¥0.00	0	¥0.00	¥0.00
电源适配器	0.3	0	¥0.00	¥0.00	0	¥0.00	¥0.00	0	¥0.00	¥0.00	0	¥0.00	¥0.00
音乐模块	0.2	0	¥0.00	¥0.00	0	¥0.00	¥0.00	0	¥0.00	¥0.00	0	¥0.00	¥0.00
遥控模块	0.5	0	¥0.00	¥0.00	0	¥0.00	¥0.00	0	¥0.00	¥0.00	0	¥0.00	¥0.00
合计				¥0.00			¥0.00			¥0.00			¥0.00

图 13-24 原材料成本核算表

4. 知识链接

主要参考法规索引:

企业会计准则第 30 号——财务报表列报;

企业会计准则——应用指南;

企业内部控制应用指导第 14 号——财务报告。

模块十四
线下任务

项目一 制定公司章程

一、公司章程的作用

公司章程是关于公司组织和行为的基本规范。公司章程不仅是公司的自治法规,而且是国家管理公司的重要依据。企业设立之初,就应该制定公司章程。公司章程具有以下作用。

1. 公司章程是公司设立的最主要条件和最重要的文件

公司的设立程序以订立公司章程开始,以设立登记结束。我国《公司法》明确规定,订立公司章程是设立公司的条件之一。审批机关和登记机关要对公司章程进行审查,以决定是否给予批准或者给予登记。公司没有公司章程,不能获得批准;公司没有公司章程,也不能获得登记。

2. 公司章程是确定公司权利、义务关系的基本法律文件

公司章程一经有关部门批准,并经公司登记机关核准即对外产生法律效力。公司依公司章程,享有各项权利,并承担各项义务,符合公司章程的行为受国家法律的保护;违反章程的行为,有关机关有权对其进行干预和处罚。

3. 公司章程是公司对外进行经营交往的基本法律依据

由于公司章程规定了公司的组织和活动原则及其细则,包括经营目的、财产状况、权利与义务关系等,这就为投资者、债权人和第三人与该公司进行经济交往提供了条件和资信依据。凡依公司章程而与公司进行经济交往的人或组织,依法可以得到有效的保护。

鉴于公司章程的上述作用,必须强化公司章程的法律效力。这不仅是公司活动本身的需要,而且也是市场经济健康发展的需要。公司章程与《公司法》一样,共同肩负调整公司活动的责任。这就要求公司的股东和发起人在制定公司章程时,必须考虑周全,规定必须明确详细。

二、制定公司章程应注意的问题

公司章程的制定不仅关系到公司设立行为是否有效,而且也直接影响到公司设立后的运营效果。因此,制定公司章程绝不能马虎,而必须做到合法、周密、明确。特别应

注意以下问题:

1. 法律规定的必要记载事项必须予以载明

我国《公司法》第25条所规定的前十个方面的事项,都是公司得以设立和运营所必不可少的,任何事项的遗漏,都会造成公司章程的无效,公司也就无法获得设立登记,因此,在制定公司章程时,要特别注意将章程规定的内容涵盖所有必要记载事项。另外,关于这些必要记载事项的规定不得与《公司法》及其他法律、法规的规定相违背。所谓真实,是指这些事项的规定必须与事实情况相符,不得弄虚作假、捏造事实。如不得虚报公司的注册资本或者采取其他欺诈手段隐瞒重要事实,否则,将根据《公司法》第199条的规定承担法律责任。所谓明确,是指这些事项的规定必须清楚、明白,不能含混不清。如章程必须具体地写明公司的全称及详细地址。总之,写明《公司法》第25条所规定的十个事项,是制定公司章程最基本的,也是最重要的要求。

2. 《公司法》的有关规定是制定公司章程的蓝本

《公司法》对公司的章程内容、公司命名规则、注册资本最低限额、股东出资方式、股东转让出资的条件、公司的组织机构、公司的合并与分立、公司的解散与清算等都有较为详细的规定。这些规定有些是属于强制性的规范,公司章程必须依照法律的规定制定,以保证其合法性。《公司法》中还有不少任意性规范,这些规范较为系统、合理,可以为公司章程的制定提供一个标准。如公司章程中关于公司组织机构、职权、议事规则等事项的规定,可以完全根据《公司法》的规定来设计制定本公司的章程,这既简便可行,又能做到合法、周密、明确。

3. 制定公司章程,必须充分结合本公司的具体情况来进行

《公司法》的规定,只是为公司章程的制定提供了基本要求和框架,公司章程还需要根据拟设公司的具体情况去充实具体内容。在现实经济生活中,即使同属于公司,公司与公司间的个体差异往往很大。如一个由两个股东组成的注册资本为10万元的服务公司,与一个由40个股东组成的注册资本数百万元的公司相比,情况就截然不同。因此,公司章程的制定必然要结合本公司的具体情况来进行。如在上例中,前一个公司就完全没有必要设立董事会和监事会,只要设立执行董事和1~2名监事即可;而后一个公司就应当建立起完善的董事会和监事会机构,并具体规定其议事方式和表决程序。公司章程不仅是股东和公司组织机构的内部行为准则,而且对外也具有公示的效力。一个成功的公司,一定是一个具有鲜明个性的公司,而公司的个性则主要体现在其章程的具体规定中,并通过章程为外界所了解。所以,一部不考虑本公司具体情况的公司章程,即使它在法律上是有效的,事实上也使公司获得了登记,但它绝不是一部好的章程。

三、公司章程的内容

关于公司章程的内容,《公司法》第25条和第82条分别以菜单列举的方式规定了有限责任公司和股份有限公司应当载明的事项。但对于这些事项具体如何规定,即章程的具体文本如何拟定,在《公司法》中并不能找到具体的答案,还要由公司的股东或其代理律师依据公司的需要具体拟定。

1. 有限责任公司章程应当载明下列事项（《公司法》第 25 条）
（1）公司名称和住所；
（2）公司经营范围；
（3）公司注册资本；
（4）股东的姓名或者名称；
（5）股东的出资方式、出资额和出资时间；
（6）公司的机构及其产生办法、职权、议事规则；
（7）公司法定代表人；
（8）股东会会议认为需要规定的其他事项。
股东应当在公司章程上签名、盖章。
2. 股份有限公司章程应当载明下列事项（《公司法》第 82 条）
（1）公司名称和住所；
（2）公司经营范围；
（3）公司设立方式；
（4）公司股份总数、每股金额和注册资本；
（5）发起人的姓名或者名称、认购的股份数、出资方式和出资时间；
（6）董事会的组成、职权、任期和议事规则；
（7）公司法定代表人；
（8）监事会的组成、职权、任期和议事规则；
（9）公司利润分配办法；
（10）公司的解散事由与清算办法；
（11）公司的通知和公告办法；
（12）股东大会会议认为需要规定的其他事项。
编制公司章程时，可以在符合以上规定的前提下，在网上搜索下载一个《公司章程范本》，结合公司的具体情况进行修改，核对无误后提交。

项目二　企业规章制度制定

一、企业规章制度概述

企业规章制度是企业针对科研生产、经营管理、销售服务等各项活动统一制定的各种规定、规则、章程、办法、标准、程序等规范性文件。企业的规章制度是企业管理思想、管理理念的体现，是企业运行的依据和所有员工的行为准则，也是企业实现其经营目标、战略规划的保障。

二、企业规章制度制定的具体要求

1. 合法

企业规章制度所规定的管理权限、管理内容和管理方式不能超越企业自身的职权范围；企业规章制度的内容必须遵守国家在产品质量、安全生产、环境保护、劳动保障、税费征管等方面的强制性法律规范。

2. 统一规范

企业规章制度是企业的"内部立法"，应呈现统一规范的特点。"规范"包括形式规范和条款规范。形式规范是企业规章制度应按照法律法规的结构形式，分为章、节、条、款、项、目，并以中文数字依次表述。条款规范，即规章制度的名称结构、制定目的、制定依据、适用范围、解释部门、施行日期等条款的表述应规范、完备；规章制度的文字应备而不繁、简而不漏、逻辑严谨、用语准确，不能产生歧义。

3. 协调一致

企业规章制度是一个有机的整体，相互之间必须协调一致、衔接有序。企业拟定的规章制度不能与已颁布的规章制度重复或相互矛盾，不同的规章制度对同一事项、同一行为的规范应表述一致。

4. 便于实际操作

企业规章制度要有可操作性，便于理解和执行。一是切实符合企业的客观实际，反映科研生产、经营管理的内在规律；二是在内容上要重视责任的落实，明确管理、执行督促检查的主体，明确具体的考核、奖惩措施；三是要定期清理汇编，根据企业的发展需求及时修改补充，确保规章制度的全部规范都处于有效执行的状态。

三、企业规章制度范本

企业规章制度涉及面广，限于篇幅，本书不做详细阐述，表 14-1 所示为某企业规章制度文件，仅供参考，详细的内容请自行拟定。

表 14-1　某企业的制度文件参考

序号	类别	具体文件
1	总则	公司管理大纲；员工守则
2	办公、文书管理类	文件管理制度；档案管理制度；保密制度；印章使用管理制度；证照管理制度；证明函管理制度；会议管理制度；办公用品管理制度
3	交通与车辆管理类	车辆使用管理制度；车辆管理补充制度；交通费用补贴制度
4	业务费用类	出差管理制度；通讯管理制度；公司宴请接待制度
5	行政人事类	员工工作餐管理制度；员工招聘、调动、离职等规定；员工工资发放管理制度
6	财务管理类	借款和报销的规定；财务管理制度；财务报销管理制度
7	综合类	计算机管理制度；合同管理制度；卫生管理制度；廉政建设制度
8	部门职责类	行政办公室职责；财务部职责；销售部职责；技术部职责；生产部职责；采购部职责；质量部职责

项目三　岗位说明书编制

一、岗位说明书概述

岗位说明书，也称为工作说明书、职位说明书，它是对一个岗位的设置目的、工作范围、职责与考核要求、任职资格等进行的描述。企业岗位说明书可以建立一套职位体系，以满足企业在薪酬体系、考核、招聘等人力资源管理方面的各项要求。

二、岗位说明书内容

一份合格的岗位说明书应让员工明确在实际工作中应当做些什么、怎么做、做到什么程度、做到这种程度需要什么能力、工作环境是怎样的、以后的职位通道是什么等。规范的岗位说明书是处理复杂的人力资源管理工作的基础，它包括工作描述和工作规范两部分。

1. 工作描述

工作描述，又称职务描述，是对企业中各类岗位的工作性质、工作职责、工作职务与工作环境所做的规定，用来说明任职者应该做什么、怎么做以及在什么条件下去做。

它主要包括以下两个方面的内容。

（1）岗位基本信息。

岗位的基本信息包括工作名称、部门、隶属关系、工作编号、职务等级等。

（2）工作说明。

工作说明主要包括以下 6 个方面的内容：

①职务概述。又称工作综述，用于描述工作的整体性质。如某企业人力资源部经理的工作概述为：对公司人力资源管理工作进行协调、指导、监督和管理；负责公司的人力资源规划，员工的招聘选拔、培训、绩效考核、薪资管理，员工的激励、开发等工作以及相关制度的制定，保证公司人力资源供给和员工的工作高效率。

②岗位职责和权限。说明任职者须完成的工作任务、承担的责任和工作权限等。

③工作绩效标准。说明企业期望员工完成工作任务时须达到的标准。

④工作关系。说明任职者与企业内部或外部人员之间因工作关系而发生的关系。

⑤机器设备及其他。说明岗位任职者在工作过程中所需用到的办公用品及设备。

⑥工作条件和环境。说明工作地点、光照度、有无噪声干扰、工作中有无危险作业等。

2. 工作规范

工作规范，也称职位规范或任职资格，指胜任某职位的人员在教育水平、工作经验等方面应具备的资格和条件，它为企业员工招聘与选拔、人员录用、培训与开发等决策提供了重要的依据。工作规范的内容主要包括以下 5 个方面：

(1) 知识要求；

(2) 工作经验；

(3) 能力要求；

(4) 身体状况；

(5) 个性特质要求。

三、岗位说明书编制步骤

编制岗位说明书是企业进行工作分析和岗位研究最重要的工作之一。编制岗位说明书主要有以下 6 个步骤。

1. 做好前期的宣传动员工作

在开展岗位说明书的编写工作之前，人力资源部应和企业高层领导进行沟通，让他们树立岗位责任制的意识；在编写过程中，应动员各部门积极配合人力资源部的工作，共同完成岗位说明书的编写工作。

2. 明确岗位说明书的内容

岗位说明书由工作描述和工作规范两部分组成。工作描述是对有关岗位的工作职责、工作内容、工作条件以及工作环境等工作自身特性进行的书面描述，而工作规范描述了岗位对任职者的知识、能力、素质、教育背景和工作经历等方面的要求。

3. 明确岗位说明书的编写要求

岗位说明书的编写需符合表 14-2 所示的 3 点要求。

表 14-2 岗位说明书的编写要求

逻辑性	岗位说明书中包含多项内容。如编写工作职责一栏时，一个职位通常有多项职责，在编写过程中，其顺序应清晰，条理应清楚，并非随意地堆砌就可以了。通常，可以按照各项职责的重要程度或者所需花费时间和精力的多少来安排次序
准确性	岗位说明书应清楚地说明该岗位的工作情况，描述用语应尽量准确，避免使用笼统或含糊不清的语言
实用性	岗位说明书必须客观、真实地反映岗位职责和任职条件，以便作为开展人员招聘、考核等工作的依据，并可根据企业的发展适时进行修改和完善

4. 收集岗位信息的相关资料

一般来说，获取岗位信息的渠道主要有 3 种：了解企业已有的管理制度；和企业内部的工作人员进行沟通；有选择地参考同行业的其他岗位说明书。

5. 岗位信息的处理

在岗位信息处理阶段，分析人员对收集来的信息进行处理，筛选出岗位说明书所需的内容。如遇到什么问题，应和相应岗位的工作人员或其上级领导沟通，以保证其内容的准确性。

6. 编写岗位说明书

工作人员根据所收集整理的信息，从工作职责、工作权限、工作关系及岗位任职资格等方面来完成职位说明书的编写工作。

四、岗位说明书模板

表 14-3 所示是某公司车间主任的岗位说明书范例。

表 14-3 车间主任岗位说明书

版号/状态：		文件编号：		共 页，第 页	
岗位基本信息：					
岗位名称	车间主任		岗位编号		
所属部门	车间		岗位编制	1	
岗位序列			岗位层级		
直接上级岗位名称	生产厂长				
直接下属岗位名称及人数	组长（4人），作业员（17人），文员（1人），调色员（5人）				
工作目的	组织下属并指导其完成生产计划，实现保质、保量、按期完成的安全生产目标；做好车间生产进度、设备申购和维修维护计划以及现场5S管理等工作				
主要工作职责：					
序号	概述	内容描述			
1	日常管理	全面负责车间日常管理工作；负责车间的人力资源配置和绩效考核；负责制定和修订生产部的工作程序和相关制度文件，并经批准后落实执行；负责承接主管发下来的制造命令单的排单、排程并跟进生产进度，做好生产急单、欠货单、大单、特殊产品单的员工调度工作及进度安排				
2	安全生产管理	负责车间安全生产，定期对员工进行安全生产教育和培训，负责对车间的安全设施的维护管理，负责对车间的设备、物料、生产操作的安全评估和保障，发现隐患及时整改或提出整改；负责督导车间各级员工严格执行安全生产工艺和安全设备操作规程，督导车间各级员工严格遵守公司安全生产规章制度，严格督导车间各级员工安全着装、佩戴安全防护用具				

续上表

序号	概述	内容描述
3	生产工艺管理	（1）负责车间生产工艺的监督和生产工艺知识培训； （2）从生产效率、劳动强度、产品质量等方面，负责车间工艺改进，包括工艺流程和工艺参数改进以及设备操作工艺改进等，负责拟定改进方案； （3）负责及时处理生产过程中所发现的生产工艺异常；负责根据每月的工艺异常统计报表进行分析并制定纠正及预防措施，运用数据统计工具分析主要的生产异常缺陷并进行重点解决和预防
4	生产质量管理	（1）负责车间的颜色放行； （2）负责掌握生产进度，协助分析产品不良原因，处理不良品，审核生产报表
5	设备管理	（1）负责车间工装工具、设备设施、水电气管路的维修计划拟定和落实； （2）负责每月生产设备点检的整理、资料更新的存档以及每月固定资产的盘点
6	现场维护管理	负责对车间工作场所、设备设施、水电气管路、物品摆放做好6S管理
7	跨部门沟通管理	负责与相关部门做横向沟通，求同存异或排除异议，按做事的顺序、以大局为重做好部门之间的沟通工作
8	呆次品的消化处理	负责公司调色产品的呆滞品消化处理方案拟定以及其他呆次品消化方案的落实
9	其他工作	接受并完成上司临时安排的工作。
主要工作权限：		
业务类	对部门相关制度的制定、修改有建议权； 即时处理生产中的各种问题的权力； 对安全生产的监督检查权	
财务类	对本部门规定范围内的费用有审批权； 对本部门权限范围内的办公用品、办公设备有请购权	
人事类	对本部门下属员工的招聘有审核权； 对本部门员工的工作绩效有考核权； 对下属员工的异动、奖惩、任免有提案权	

续上表

主要工作关系:					
职位关系示意图	生产厂长 → 车间主任 → 配料组、调色组、包装组、文员				
内部工作关系	沟通方式	部门（单位）及岗位	形式与内容	沟通结果	频率
	汇报	生产厂长	以书面形式汇报工作计划和执行情况	月度工作总结	每月
			口头汇报日常工作	星期例会	每星期
	督导	部门员工	以口头和书面形式指导下属工作	周例会、月例会	每周、月
	协调	其他部门	以口头或书面形式与各部门交流、沟通		经常
外部关系	政府机关类别				
	企业类别	设备供应商	以书面、口头形式与供应商沟通	确保生产设备正常操作和准确	少
	其他组织或个人				

工作特征与工作条件:	
时间要求	偶尔需要加班及出差
工作设备	经常使用电脑、电话机、传真机、打印机
工作环境	主要在室内工作

任职资格:			
最低学历	中专以上	专业要求	化工、化学
工作经验	具有三年以上涂料生产管理经验		
资格证书			
专业知识	具有一定的车间管理知识，化工设备、化工安全操作和涂料生产知识，以及统计技术工具知识		
专业技能	熟练掌握公文写作、办公软件应用等技能		

续上表

上岗培训要求		ISO质量管理体系、危险化学品安全生产培训、岗位职责培训、岗位安全培训、职业健康培训
素质要求	能力	具有良好的组织能力、沟通协调能力； 有良好的逻辑分析能力、发现和解决问题的能力
	人格特征	为人正直、品行端正； 积极主动、认真负责； 思维缜密，能够承受较大的工作压力
	其他	无色盲色弱

任职者（签名）：	部门负责人（签名）：	核准（签名）：
日期：　　年　月　日	日期：　　年　月　日	日期：　　年　月　日

项目四　工作简报编制

一、简报概述

简报是机关、团体、企事业单位内部用来汇报工作、反映问题、沟通情况、指导工作、交流经验、传递信息、交流宣传的一种简短的带有新闻性质的文书材料。相对于文件，简报在编排格式、编发内容等方面都具有一定的灵活性，具有交流性、指导性、灵活性、及时性等特点，因此简报经常又可称为"动态""通讯""简讯""情况反映""内部参考"等。可以说，简报就是简要的调查报告、工作报告、情况报告、消息报道等。具有简、精、快、新、实、活和连续性等特点。

简报按时间分，有定期的和不定期的；按性质分，有工作简报、学习简报、会议简报等；按内容分有综合简报、专题简报等。

二、简报的格式

1. 报头

简报的报头类似公文的"红头"，一般套红印刷。首页间隔横线以上称为报头，由简报名称、期数、编发机关、日期、保密提示等项目组成。简报除用"××简报""××动态""情况反映"等常用四字名称之外，还可加上单位名称、专项工作等内容，如《××局警车和涉案车辆专项治理工作简报》。简报名称用大号字套红印刷。

期数位于简报名称下方正中，加括号。如果是综合工作简报，一般以年度为单位，统编顺排；如果是专题简报，按本专题统编顺排。如有特殊内容而又不必另出一期简报时，就在名称或期数下面注明"增刊"或"××专刊"字样。连续出的简报，要注明总期数。编发机关一般是"××办公室""××秘书处"等,位于期数下面、间隔横线上方左侧;编发日期位于编发机关右侧。如需保密,在首页报头左上角标明"秘密""机密""绝密"或"内部刊物"等字样。必要时,对于保密的简报还可在首页报头右上角顺序印上份号。间隔横线一般为红色。

2. 报核

报头以下、报尾以上部分叫报核,是指简报所刊发的一篇或多篇文章,按照重要程度依次排列即可,这个部分是简报的核心。简报文章的写法多种多样,形式也较为灵活,大多数是消息报道,包括标题、导语、主体、结果和穿插在叙述中的背景材料。除消息之外,还有别的文体,如调查报告、情况反映等。但不是每篇简报刊发的文章都要有这几项内容。报核具体包括目录、编者按、报道等。

(1) 目录。

只有一篇文章时直接编排,集束式的简报就要编排目录。由于简报内容单纯,容易查找,目录一般不需标序码和页码,只需将编者按、各篇标题排列出来即可,为避免混淆,可以在每项前加一个五星标志。

(2) 编者按(按语)。

有时为了说明或者强调编发这期简报或者这篇文章的目的,或要对文中涉及事项进行评价,说明工作任务来源、本期重点稿件的意义和价值、征稿通知、征求意见等,就有必要在简报开始或者文章标题上端加注编者"按语"(编者按),加以说明。编者按不可过长,短者三五行,长者半页即可。

(3) 报道。

报道是每期简报里的文章。一期简报可以只有一篇报道,也可以有多篇报道,依次排列即可。一篇报道分为标题、导语、主体(正文)、结尾。

3. 报尾

报尾在简报末页的下方,用两条平行横线框起来,以和报核分开,内容比较简单,在平行框线内部从左自上而下依次写明报、送、发的机关名称或者个人姓名职务等,框线右侧下方写上本期印发份数,字体小于正文,用圆括弧括上。在平行框线的上面,左边写上签发、审签人,右侧写上责任编辑、编发者姓名,在平行线的下框线之外的右下方写明印发份数。

可以在网上下载简报模板,按照模板格式,结合虚拟商业环境运营工作的要点编制季度工作简报。

参 考 文 献

[1] 邓文博,姜庆等. 企业运营综合实战——经管类跨专业仿真实训教程 [M]. 北京:清华大学出版社,2016.
[2] 邓文博,吴春尚等. 高职经管类专业实践教学模式的探索与创新 [M]. 北京:清华大学出版社,2017.
[3] 阎子刚. 物流运输管理实务 [M]. 3版. 北京:高等教育出版社,2014.
[4] 白迎超,邓文博. 人力资源管理 [M]. 北京:清华大学出版社,2017.
[5] 刘燕. 商务谈判技巧 [M]. 北京:人民邮电出版社,2010.
[6] 王振翼. 商务谈判与沟通技巧 [M]. 2版. 大连:东北财经大学出版社,2015.
[7] (比)阿兰·佩卡尔·朗珀勒,(法)奥雷利安·科尔松. 谈判的艺术 [M]. 张怡,刑铁英译. 北京:北京大学出版社,2012.

附录一：

虚拟仿真商业环境综合实训平台简介

虚拟仿真商业环境综合实训平台是广州凌仁乐信息科技有限公司在对应用型本科、高职院校经管类专业的人才培养目标和学生技能训练需求进行充分调研的基础上，在中国管理现代化研究会决策模拟专业委员会的专家，以及中山大学、广东财经大学、河源职业技术学院等院校专家的指导下，基于真实案例开发的综合性大型实训平台。该平台采用基于 Java 语言的 B/S 结构以 SpringMVC3 + Spring3 + Freemarker 为主的技术架构，并结合最新的用户体验技术 HTML5 + CSS3 及 Flash + 3D 建模作为 WEB 视图应用体验，通过采用多应用服务器集群的方式进行分布式部署，实现系统的高并发和高性能，并可基于 SaaS 模式进行平台的运转，根据数据安全要求采用多种加密手段进行加密，保证数据安全，是将分布式的、高性能、跨平台和安全性等特点融合为一体的服务式综合平台。

虚拟仿真商业环境综合实训平台是在跨专业学习、专业融合、新商科等背景下，采用案例教学、项目教学等教学方式，以学生为中心，构建全方面、多维度的评价体系。基于虚拟市场构建以先进制造业为核心，整合供应链上下游业务，为市场主体业务驱动提供各种服务的社会组织及政府机构。该平台采用业务驱动、自主经营、自负盈亏的虚拟市场与各具特色的决策仿真数据，主要市场主体及服务包括：制造企业、商贸企业、物流企业、贸易企业，金融服务、外包企业、商务服务、财务服务、政务服务等。

虚拟仿真商业环境综合实训平台与传统跨专业学习平台最大的区别在于：实训业务的高度个性化配置与按需的模块构建，即可根据本地区经济发展特点、学校人才培养目标及学生的学习特点进行本地化特色模块建设。从实训的主体来看：学生可基于团队目标，采取"O2O"理念参与团队的创建与成员招募，现场活跃度与参与度很高，用手机等移动设备组织开展大规模的路演和投票活动，培养学生的隐性素质，激发"市场活力"。同时，在基础流程的基础上自定义组织架构以适应业务的开展，并不限定固定的市场主体类型和主体的组织架构及固定的业务流程；并且全过程数据都会进入评价体系，形成学生的"综合学情报告"。与此同时，平台对于教学资源和教学成果的集中化，更有利于提高学生的专注力与参与度（参见附图 1-1）。

附图 1-1 平台主体及主流程

　　虚拟仿真商业环境综合实训平台为经管类或泛经管类学生提供企业仿真运作的实战学习环境，通过在虚拟市场仿真运营的业务知识与业务技能的训练，提高学生个人胜任力的核心能力、专业应用能力、职业通用能力、语言表达能力、组织协调能力、创新创业能力等。在使用过程中，可面向全体师生，结合专业建设，灵活融入学校人才培养目标。结合党的十九大报告指出的"建设教育强国是中华民族伟大复兴的基础工程"，在继续创新的要求下，该平台真正实现了跨专业、多学科的深度融合，对学校的整体教学目标的高质量实现必将起到积极的作用。

　　广州凌仁乐信息科技有限公司是一家致力于以"互联网+教育"为理念服务于教育事业的高新技术企业，主要服务于教育主管部门、大中专院校及企业。目前，服务用户包括：中山大学、华南理工大学、厦门大学、南方医科大学、广东财经大学、广州大学、顺德职业技术学院、番禺职业技术学院、广州城市职业学院、河源职业技术学院、金蝶（中国）有限公司、用友集团旗下畅捷通信息技术股份有限公司、广东决策研究院等。

附录二：

基于虚拟仿真商业环境综合实训平台的课程体系

虚拟仿真商业环境综合实训平台基于真实的案例虚拟了一个商业环境，构建了包括政务组织、公共服务组织、生产制造企业、商贸流通企业、金融企业等不同类型的机构，包含了几十种角色、几百个训练任务。受训者扮演不同的角色，在仿真的社会环境、市场环境、商务环境、政务环境和公共环境中，按照现实的工作流程、工作任务、业务单据，进行仿真经营和业务运作，让学生感受到经营环境的交互性、复杂性和多变性，决策的科学性和灵活性，经营管理的整体性、协同性和有效性。体验虚拟现实的职业氛围、企业经营管理活动过程和主要业务流程，体会组织之间、部门之间、岗位之间的相互影响和关联关系。促进学生知识的整合和融会贯通，学习跨专业知识；训练学生的专业技能和跨专业拓展技能；提升学生的团队意识和竞争意识等综合素质，培养和提高学生的决策力、执行力、数据分析能力、分析和解决问题的能力、沟通协作能力、创新创业能力，使学生积累间接的工作经验，为毕业后的实际工作打下坚实的基础。

广州凌仁乐信息科技公司开发的虚拟仿真商业环境综合实训平台是基于虚拟现实技术开发的高仿真教学平台，具有开放程度高、综合性强、实施推广便捷、对抗和交互性强等特点，可应用于经管类专业的跨专业综合仿真实训课程、创新创业虚拟仿真训练课程和专业技能综合训练课程等。

一、课程应用范例

（一）跨专业综合仿真实训课程

（1）建议72～84学时，3周整周实训；

（2）适用专业：工商企业管理、物流管理、市场营销、会计、财务管理、人力资源管理等经管类专业，选择其中的部分专业即可组建跨专业班级进行训练；

（3）开课学期：修完专业课程后即可开课，建议安排在毕业实习前。

（二）创新创业虚拟仿真训练课程

（1）建议48～56学时，2周整周实训；

（2）适用专业：所有专业；

（3）开课学期：修完专业课程后即可开课，建议安排在毕业实习前。

（三）专业技能综合训练课程

（1）建议28～84学时，1～3周整周实训；

（2）适用专业：经管类某一个专业；

（3）开课学期：修完专业课程后即可开课，建议安排在毕业实习前；

二、教学进程设计参考范例

（一）教学进程设计范例1（三周72学时）

特点：组织工商注册、轮岗训练，强调跨专业知识运用和能力训练。

训练项目	课时	教学目标	教学（训练）内容	辅助活动
实习动员会	2	理解实习的目标； 了解虚拟商业环境； 了解机构职能； 初步了解平台界面	召开实习动员会； 实习的相关规定； 各机构的职能； 平台界面	导入学生名单； 负责人竞聘报名； 竞聘准备工作
负责人竞聘	4	训练学生的演讲能力	负责人报名演讲； 学生投票； 公布结果	负责人制作招聘海报； 其他人员准备简历
团队组建	4	学生能够根据组织和岗位特点组建团队，提升协调沟通能力、职业能力，培养团队精神	布置招聘现场； 进行现场招聘； 团队分工； 表单发放	点评招聘海报； 点评应聘简历； 机构人员进行招聘心得分享
筹备开业	4	了解公司命名的相关规定； 掌握开办企业的流程； 会填制开办企业的表单； 提升沟通能力	公司选址； 工商注册； 银行开户； 税务登记； 购置开业必备资产； 招聘开业必备人员	公司命名； 设计公司标志； 刻制印章
第一年1月份运营	4	训练信息获取和数据分析能力； 运用经济学价格弹性知识； 了解合同签订的要求； 感知企业业务流程； 理解各组织间的关系； 提升学生的实践操作能力； 提升协调沟通能力； 提升综合决策能力	获取市场信息； 商贸公司成品竞单； 供应商原材料竞单； 成品交易会； 原材料交易会； 制定经营计划； 购置固定资产； 人力资源管理	签订商品购销合同； 签订原材料购销合同； 讲授合同签订要求

附录二 基于虚拟仿真商业环境综合实训平台的课程体系

续上表

训练项目	课时	教学目标	教学（训练）内容	辅助活动
第一年2、3月运营	4	训练编制计划能力；提升生产组织与安排的能力；了解供应链运作过程；提升实践操作能力；提升协调沟通能力；提升综合决策能力	编制生产计划；组织生产；产品研发；人员招聘、培训；入库、出库作业；委托运输；运输规划与调度；订单交付；编制工资报表	编制工作简报；制定公司制度；讲授主计划编制
第一年4月份运营	4	熟悉合同签订的要求；掌握筹资渠道和筹资成本；生产成本控制；学会财务报表编制；提升实践操作能力；提升协调沟通能力；提升综合决策能力	成品交易；原材料交易；生产管理；编制财务报表；筹集资金；人力资源管理	签订商品购销合同；签订原材料购销合同；公司路演与投票；讲授成本核算
第一年5、6月运营	4	训练成本控制能力；提升文案撰写能力；提升长期规划能力；提升实践操作能力；提升协调沟通能力；提升综合决策能力	生产管理；人力资源管理；仓储管理；财务管理；运输管理	编制工作简报；完善公司制度；讲授企业发展战略
第一年7月份运营	4	提升采购与库存管理能力；提升实践操作能力；提升协调沟通能力；提升综合决策能力	成品交易；原材料交易；生产管理；编制财务报表；筹集资金；人力资源管理	签订商品购销合同；签订原材料购销合同；公司路演与投票；讲授谈判技巧
第一年8、9月运营	4	熟悉招投标和拍卖流程；提升文案撰写能力；提升长期规划能力；提升实践操作能力；提升协调沟通能力；提升综合决策能力	生产管理；人力资源管理；仓储管理；财务管理；运输管理；政府采购投标；原材料拍卖	编制工作简报；完善公司制度；讲授运输管理知识

续上表

训练项目	课时	教学目标	教学（训练）内容	辅助活动
第一年10月份运营	4	提升采购与库存管理能力； 提升实践操作能力； 提升协调沟通能力； 提升综合决策能力	成品交易； 原材料交易； 生产管理； 编制财务报表； 筹集资金； 人力资源管理	签订商品购销合同； 签订原材料购销合同； 公司路演与投票； 讲授采购与库存管理知识
第一年11、12月运营	4	熟悉招投标和拍卖流程； 提升文案撰写能力； 提升长期规划能力； 提升实践操作能力； 提升协调沟通能力； 提升综合决策能力	生产管理； 人力资源管理； 仓储管理； 财务管理； 运输管理； 政府采购招投标； 原材料拍卖	编制工作简报； 完善公司制度； 点评学生线下任务完成情况
第二年1～12月运营	22	熟悉业务流程； 加深对各组织间的关系的认识； 能够根据组织岗位任务要求完成相应的工作； 轮岗或了解其他岗位业务； 提升实践操作能力； 提升协调沟通能力； 提升综合决策能力	生产管理； 人力资源管理； 仓储管理； 财务管理； 运输管理； 政府采购招投标； 原材料拍卖	签订商品购销合同； 签订原材料购销合同； 公司路演与投票； 编制工作简报； 完善公司制度
实训总结	4	训练学生的协调沟通能力	各"机构"总结汇报； 教师总结	教具回收； 单据回收

（二）教学进程设计范例2（二周48学时）

特点：参考《教学进程设计范例1》，但只经营一年，不安排第二年轮岗训练。可以结合创新创业的特点，突出公司注册和银行开户，在公司路演中，建议安排产品创新、品牌设计、管理创新等路演活动。

（三）教学进程设计范例3（一周24学时）

特点：快速组建团队，不组织路演活动，工资报表和财务报表采用购买模式；采用网络平台，部分实操在课后完成。

附录二 基于虚拟仿真商业环境综合实训平台的课程体系

训练项目	课时	教学目标	教学（训练）内容	辅助活动
实习动员会	2	理解实习的目标； 了解虚拟商业环境； 了解机构职能； 初步了解平台界面	召开实习动员会； 实习的相关规定； 各机构的职能； 平台界面	导入学生名单； 指定负责人； 教师后台进行分工
实训准备	2	了解公司注册的相关规定； 提升沟通能力	公司注册； 团队分工	设计公司标志
第一年1月份运营	3	训练信息获取和数据分析能力； 运用经济学价格弹性知识； 了解合同签订的要求； 感知企业业务流程； 理解各组织间的关系； 提升实践操作能力； 提升协调沟通能力； 提升综合决策能力	获取市场信息； 商贸公司成品竞单； 供应商原材料竞单； 成品交易会； 原材料交易会； 制定经营计划； 购置固定资产； 人力资源管理	签订商品购销合同； 签订原材料购销合同； 购买工资报表
第一年2、3月运营	3	训练编制计划； 提升生产组织与安排的能力； 了解供应链运作过程； 提升实践操作能力； 提升协调沟通能力； 提升综合决策能力	编制主生产计划； 组织生产； 产品研发； 人员招聘、培训； 入库、出库作业； 委托运输； 运输规划与调度； 订单交付	购买工资报表；
第一年4月份运营	2	熟悉合同签订的要求； 掌握筹资渠道和筹资成本； 生产成本控制； 提升实践操作能力； 提升协调沟通能力； 提升综合决策能力	成品交易； 原材料交易； 生产管理； 报表编制； 筹集资金； 人力资源管理	签订商品购销合同； 签订原材料购销合同； 购买工资报表； 购买财务报表

续上表

训练项目	课时	教学目标	教学（训练）内容	辅助活动
第一年5、6月运营	2	训练成本控制能力； 提升文案撰写能力； 提升长期规划能力； 提升实践操作能力； 提升协调沟通能力； 提升综合决策能力	生产管理； 人力资源管理； 仓储管理； 财务管理； 运输管理	购买工资报表
第一年7月份运营	2	提升采购与库存管理能力； 提升实践操作能力； 提升协调沟通能力； 提升综合决策能力	成品交易； 原材料交易； 生产管理； 筹集资金； 人力资源管理	签订商品购销合同； 签订原材料购销合同； 购买工资报表； 购买财务报表
第一年8、9月运营	2	熟悉招投标和拍卖流程； 提升长期规划能力； 提升实践操作能力； 提升协调沟通能力； 提升综合决策能力	生产管理； 人力资源管理； 仓储管理； 财务管理； 运输管理； 政府采购招投标； 原材料拍卖	购买工资报表
第一年10月份运营	2	提升采购与库存管理能力； 提升实践操作能力； 提升协调沟通能力； 提升综合决策能力	成品交易； 原材料交易； 生产管理； 编制财务报表； 筹集资金； 人力资源管理	签订商品购销合同； 签订原材料购销合同； 购买工资报表； 购买财务报表
第一年11、12月运营	2	熟悉招投标和拍卖流程； 提升长期规划能力； 提升实践操作能力； 提升协调沟通能力； 提升综合决策能力	生产管理； 人力资源管理； 仓储管理； 财务管理； 运输管理； 政府采购招投标； 原材料拍卖	购买工资报表
实训总结	2	训练学生协调沟通能力	各"机构"总结汇报； 教师总结	教具回收； 单据回收；